22世紀

不再七不思議 之

科技經濟與產業趨勢

陳卓賢 ——— 著

認識科技世界　助你把握未來

「科技」是由「科學」（Science）和「技術」（Technology）兩個詞語組成，科學是解決理論問題，技術則是解決實際問題。科技的意義在於，把現實世界所見的事實和現象聯繫起來建立理論，然後把理論的成果應用於實際問題中。

科技在人類的歷史無處不在，每分每秒，都推動著社會文明朝往未知的領域發展。人類社會的每一項進步，都伴隨著科技的進步，尤其是現代科技的爆炸式增長，更為經濟發展和人類文明開闢了更廣闊的空間，可見將科技視為人類文明的標誌也絕不為過。

無法推翻的是，無論你是否對科技有興趣，你的生活早已融合科技，例如你手上的智能手機、每天為你代步的交通工具、提供豐富資訊的互聯網世界，甚至乎近年各國努力研發的新冠疫苗等，這些全是科技的一部分。

筆者曾撰寫 5 本投資理財的讀物，分享了不少心得理論和實戰技巧，希望讀者從中學習到最有用的知識，好讓在這個生活不易的社會，賺取多點兒傍身錢。

誠然，無論你已擁有多精要的投資技巧，還是一針見血的贏利心得，這些無非是眾多工具之一二。要令工具使用起來更加得心應手、物盡其用，最需要的其實是擁有廣闊的視野。當目光足夠遠大，同時能理解當下發生的大小事情，我們自然就會建立起獨當一面的大局觀，甚至能預視未來的世界趨勢。

是次撰寫這本以未來科技為主題的書籍，目標就是要擴闊讀者的眼界，認識我們身處的世界正朝向甚麼方向發展，以及我們應如何去了解當下發生的一切，從而預視及把握未來的投資機遇、好好生活。

需要強調的是，科技資訊日新月異，知識每天都在改變，因此本書不像主流的科技書般會深入解釋學術定義，而是盡可能以簡潔的脈絡，去講解、分析和預測一些科技領域和相關產業的當下背景和未來走向。

本書分為兩大部分，分別為「7 大科技與生活議題基礎探知」及「5 大科技與經濟產業趨勢探討」，內容涉及元宇宙、人工智能、無人經濟、電動車、氫能源、網絡犯罪、虛擬偶像、智能家電、醫療科技等主題，但並沒有非常深奧的科技術語，也不會提及股票相關的分析工具，所以即使你對投資興趣不大，也歡迎隨心閱讀，深化自己的視野和觀點。

科技源於生活，生活也離不開科技，所以科技知識是無分領域的。任何人認識科技後都可增廣見聞，強化思維深度，當這些知識存入你的腦海，隨著時間推移而建立紮實的根基，有朝一日，就會在有需要的時候助你一臂之力。

陳卓賢（Michael）
暢銷書《股票投資 All-in-1》作者

目錄

PART ONE
22 世紀 の 宏觀新世界：7 大科技與生活議題基礎探知

| 從 Meta 看「元宇宙」

|| 「人工智能」超越人類

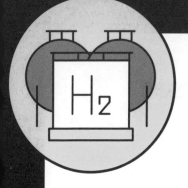

PART TWO

22 世紀 の 生活型態：5 大科技與經濟產業趨勢探討

PART 1
22 世紀の
宏觀新世界

7大
科技與生活議題
基礎探知

一

從 Meta 看「元宇宙」

甚麼是「元宇宙」？

「人們不應再活在這細小的智能手機了⋯⋯元宇宙就像一個具體化的互聯網，你是身在其中（you are in it），並非只是在查看資料⋯⋯」Facebook 創辦人朱克伯格（Mark Zuckerberg）發表 2021 年公司財報時公開了他的鴻圖大計，計劃利用 5 年時間，將 Facebook 由「社交網絡」企業，轉型為「元宇宙」企業，並將 Facebook 更名為 Meta。

朱克伯格認為，未來人類進行社交、網購、網絡會議等日常活動時，都不應再局限於智能手機的細小空間內，而是透過 VR/AR/MR（Virtual Reality「虛擬現實」、Argumented Reality「擴增實境」、Mixed Reality「混合實境」），將自己「置身在元宇宙之內」，真正體現「虛實結合」的日常生活，這亦是人類社會由移動互聯網進入下一階段的重要基石。

「元宇宙」一詞起源於 Metaverse，Meta 是「超越」、「元」的意思，而 verse 就是 universe「宇宙」，這概念最早出現於科幻小說作家尼爾・史蒂芬森（Neal Stephenson）筆下的《潰雪》（*Snow Crash*）。本書在 1992 年出版，講述人類通過「數碼替身」（Avatar），生活在一個名為「元宇宙」的虛擬三維空間之中。

META - VERSE

「超越」、「元」　　「宇宙」

虛擬世界中的真實社交活動

在理想的元宇宙虛擬空間裡，建立了完善的經濟及社會系統，擁有特定的數碼貨幣作交易用途，所有社交、娛樂、消費、創作、賺取收入等日常活動，包括各行各業的數碼內容、數碼產品都可以進行價值交換。如果大家有看過《挑戰者 1 號》（*Ready Player One*）這齣在 2018 年上映的電影，必然會發現戲中的「OASIS 綠洲」在場景設定方面和元宇宙有很多類似的地方。

▲ 《挑戰者 1 號》（*Ready Player One*）電影宣傳圖片。　　　　　（網上圖片）

在廣義上，元宇宙是平行於現實世界的虛擬世界，一些人類在現實世界無法做到的事情，都可以在虛擬世界中實現。肉身不再成為體驗的限制，所有人都可以利用虛擬身分，在任何地域，參與社交和經濟活動。元宇宙可看作是具體化的互聯網，在這裡你不只是觀看內容，你還會感覺到自己是和其他人待在一起，並能進行各種活動，例如跳舞、健身等，這在 2D 應用程式或網頁上是無法體驗到的。

22 世紀の
宏觀新世界

不思議の I
從 META
看「元宇宙」

不思議の II
「人工智能」
超越人類

不思議の III
「芯片」猶如
數碼石油

不思議の IV
疫情推動
「無人經濟」

不思議の V
全球減碳
與「電動車」
發展

不思議の VI
「氫能」革命
蓄勢待發

不思議の VII
「網絡安全」
保衛戰

22 世紀の
生活型態

5 大產業
趨勢探討

元宇宙的價值鏈包括──沉浸式的用戶體驗與發現、創作者開發的經濟活動、突破物理的空間計算、實現去中心化的市場系統、強化效能的人機互動、虛擬真實的基礎設施，這些都需要創作者和使用者共同建構而成。一個真正的元宇宙產品，具備了：身分、朋友、沉浸感、低延遲、隨地登陸、經濟系統和文明等種種元素。雖然目前元宇宙尚未有統一定義，但根據 Meta 委託國際經濟諮詢公司 Analysis Group 編寫的《元宇宙白皮書》，元宇宙應具備 9 大特點：

1 元宇宙是一個數碼空間的拓展網絡，讓用戶可透過虛擬現實（VR）、擴增實境（AR）、混合實境（MR）等技術參與各種 3D 沉浸體驗，而且玩家可以進行實時互動。

2 元宇宙是一個大規模、可交互操作、並且實時互動的 3D 虛擬網絡世界，能夠為不限數量的用戶提供既同步又持久的體驗。

3 用家可在元宇宙創建自己的虛擬形象賬戶，這些賬戶的歷史數據不會被清空，而是會被連續地保存下來。賬戶的身分資料、支付方式、通訊方式等都可以跨平台共享。

4　在元宇宙中，用家之間可透過虛擬形象，以眼神、姿勢、手勢等方式交流，而不僅限於打字或者語音。

5　元宇宙可支援幾乎所有的活動場景，如社交、工作、學習、娛樂、購物、創作等。

6　元宇宙是一個開放的市場，企業和個人可以進行體驗、參與活動、創造內容等。

7　用家在元宇宙中擁有數碼人格和數碼資產，例如可以在某個平台購買了一件數碼服裝，而在另一個平台依然「穿著」它，因為這件數碼服裝歸屬於用家本身，而不是平台。

8　元宇宙不是一種物品或者一個存在的空間，而是用家透過不同技術組件相互聯繫的方式。這些技術包括 AR、VR、MR、區塊鏈（Blockchain）、非同質化代幣（NFT）等。

9　元宇宙能打破互聯網對於設備和地理位置的限制，通過自然無縫、身臨其境的體驗，為用家創造一種毋須親臨實體現場也能參與的線上體驗。

22 世紀の宏觀新世界

不思議の I
從 META 看「元宇宙」

不思議の II
「人工智能」超越人類

不思議の III
「芯片」猶如數碼石油

不思議の IV
疫情推動「無人經濟」

不思議の V
全球減碳與「電動車」發展

不思議の VI
「氫能」革命蓄勢待發

不思議の VII
「網絡安全」保衛戰

22 世紀の生活型態

5 大產業趨勢探討

「元宇宙」如何提升互聯網體驗？

　　過去十多年，大眾已習慣「機不離手」，智能手機的飛躍發展已普及至大部分已發展國家。現時只需要一部小小的手機，下載相應的應用程式（Apps），就可以做到很多通訊以外的多元化活動，包括娛樂、工作、學習和交流等，但這帶來的問題是——我們也花費很多時間在這些工具、程式之上，來進行人與人之間日常生活的協調和溝通……然而，這是適合人類的互動方式嗎？

　　舉個例，我們在視像會議上，透過屏幕可以看到眾多參與者的面孔，但這完全有別於和真人一同待在會議室內——你坐在我右邊，即是我坐在你左邊——那種「共同空間感」。相比起在現實世界開會時，你坐在我右邊說話，我會在右邊接收到的你聲音，在視像會議中稍一分心，你便會很容易遇上「究竟是哪個人在說話」的疑問，這正是互聯網世界無法解決的臨場感問題。

互聯網的臨場感問題

試想像進入擁有 VR/AR 技術的元宇宙場境，只要戴上 VR 眼鏡，你就恍如和其他人處於同一個虛擬會議室中，他的「數碼替身」會坐在你的左邊，而從對方角度，你的「數碼替身」就坐在他的右邊，你們之間的互動感覺，就和在現實世界無異。相比互聯網的 2D 限制，元宇宙能夠接軌現實和虛擬間的不自然性，讓人與人的互動帶來更真實的臨場感。

22 世紀の
宏觀新世界

不思議の I
從 META
看「元宇宙」

不思議の II
「人工智能」
超越人類

不思議の III
「芯片」猶如
數碼石油

不思議の IV
疫情推動
「無人經濟」

不思議の V
全球減碳
與「電動車」
發展

不思議の VI
「氫能」革命
蓄勢待發

不思議の VII
「網絡安全」
保衛戰

22 世紀の
生活型態

5 大產業
趨勢探討

虛擬現實

虛擬現實的臨場感

Meta 建世上最快的 AI 超級電腦

元宇宙結合了人工智能（AI）、大數據（Big Data）及 VR/AR 等技術，但這些技術必須配合高速運行的超級電腦作為基礎。現時 Meta 旗下的 AI Research SuperCluster（RSC）超級電腦已經開始試行，目標是成為世上最快的 AI 超級電腦。

Meta 希望 RSC 為其建立的元宇宙打下基礎，旨在取代互聯網。RSC 能幫助 Meta 研究人員建立全新而且更優秀的 AI 模型，從數萬億的例子中學習，同時在數百種不同的語言中工作，從中分析文本、圖像和視頻內容。

學習中…

其中一個應用例子是 RSC 可為用家提供實時語音翻譯，即使每個人使用不同語言，他們仍然可以無縫協作，或一起玩 AR 遊戲。Meta 指出，以往他們只使用開源和其他公開數據集進行 AI 訓練，但 RSC 會把自家系統中的「真實世界例子」納入 AI 訓練中。

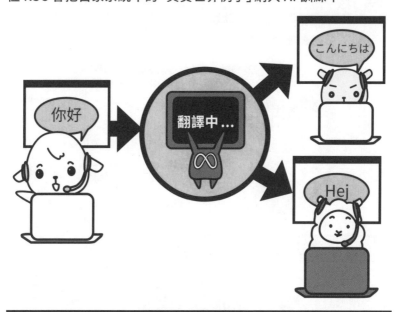

圖形處理芯片
有利運行「深度學習」算法

卡內基梅隆大學計算機科學教授兼人工智能中心聯合主任 Tuomas Sandholm 認為，Meta 定義其電腦能力的方式與傳統的、技術上更強大的超級電腦的衡量方式不同，因為它依靠圖形處理芯片的性能，這些芯片對運行「深度學習」算法很有用，這些算法可以理解圖像中的內容，分析文本並在語言之間進行翻譯。

Sandholm 表示：「Meta 首次把客戶數據用在其 AI 研究電腦上，這對 AI 研究人員和算法來說，絕對是真正的大變革。」

疫情如何催生「元宇宙」？

22 世紀の
宏觀新世界

不思議の I
從 META
看「元宇宙」

不思議の II
「人工智能」
超越人類

不思議の III
「芯片」猶如
數碼石油

不思議の IV
疫情推動
「無人經濟」

不思議の V
全球減碳
與「電動車」
發展

不思議の VI
「氫能」革命
蓄勢待發

不思議の VII
「網絡安全」
保衛戰

22 世紀の
生活型態

5 大產業
趨勢探討

在這新冠病毒肆虐的年代，病毒株不斷地快速升級變化，Alpha、Beta、Gamma、Delta、Omicron⋯⋯24 個希臘字母都快被變種病毒的新命名而全部用完！世界衞生組織（WHO）早前已表示，若希臘字母用完，未來可能改以星座命名新發現的新冠肺炎變種病毒。我們必須承認的是，現時的醫療技術仍無法完全消滅變種病毒，新疫苗的研發速度往往追不上病毒變種的進化速度，如何與病毒共存，將會是人類無法避免的長期趨勢。

雖然疫情不斷蠶食人類在實體世界的聯繫，但同時亦加速了數碼世界體系的完善，現在我們在虛擬空間逗留和互動的時間更多，而且對虛擬世界的需求、接觸，都比以往更頻繁，甚至部分人過去對數碼服務的冷感或不認識，經過疫情時代的洗禮後，都變得以更開放和認可的心態去面對和應用。

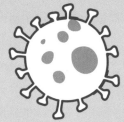

實現無界限連接與聯繫

　　新冠疫情令我們無法進行線下接觸，卻促進了元宇宙的線上發展，讓人類突破現實中地理和時間的差異，通過線上平台完成在虛擬世界的聚會。近年已有不少大型藝術展覽、演唱會、畢業典禮等，開始使用基於區塊鏈（blockchain）的元宇宙形式，將線下的聚會活動逐漸轉移到線上，就像 2020 年的加密世界大會 Coinfest，就是在虛擬現實平台 Decentraland 上舉行。

元宇宙畢業典禮

　　在元宇宙進行經濟活動，例如購買 NFT（Non-Fungible Token，即「非同質化代幣」）、租售虛擬土地，如何擬訂合約以及達成共識，將會有全新定義。大部分人最初或不會直接接觸到區塊鏈的核心技術，例如使用區塊鏈錢包或購買虛擬代幣，但隨著愈來愈多群體活動都在元宇宙來進行，逐步取代現實世界的聚會，便會令愈來愈多人習慣這種嶄新模式，為未來大規模的區塊鏈經濟活動奠定強大群眾基礎。

虛擬世界有
金融規則嗎？

　　建立元宇宙需要頗為複雜的技術應用，要素包括：網絡算力、人工智能、遊戲技術、VR/AR 顯像技術，以及區塊鏈技術等來共同支撐。不難想像，如此龐大的工程，即使是 Meta 這間全球性巨企，也不能夠獨立完成，而是需要全領域生態層面合作，例如元宇宙遊戲的操作需要穩定並且能承載多人、支援多設備、多操作（支付系統）的大型高速服務器，這都不是單一方面的產業可以獨力應付。

加密貨幣的應用與推廣

從產業端來說，我們需要對虛擬世界的內容作出構建和提供服務，也包括對底層基礎設施技術的進一步挖掘。現時遊戲和網絡科技行業是走在最前涉足元宇宙的產業。ARK 投資基金研究表示，元宇宙的收入將以每年 17% 的複合增長率，從目前的 1,800 億美元增長到 2025 年的 3,900 億美元。

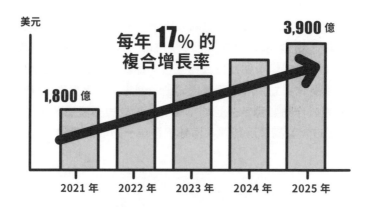

朱克伯格曾推出 Libra 加密貨幣計劃，打算推薦 Libra 作為美國數碼貨幣，可惜如意算盤未能打響，最終被華府拒諸門外，但元宇宙計劃的橫空出世，或許會給 Meta 殺出另一條路。

由於元宇宙提供開放平台讓人們開發自己的虛擬商店創業，當中就可利用 Libra 作貨幣交易。如果 Meta 成功爭奪元宇宙的主導權，就能制訂虛擬世界的金融規則，配合其虛擬現實社交網絡產業，變相為 Libra 加密貨幣實現全民化普及踏出重要一步。

加密貨幣將被廣泛接受？

22 世紀の
宏觀新世界

不思議の I
從 META
看「元宇宙」

不思議の II
「人工智能」
超越人類

不思議の III
「芯片」猶如
數碼石油

不思議の IV
疫情推動
「無人經濟」

不思議の V
全球減碳
與「電動車」
發展

不思議の VI
「氫能」革命
蓄勢待發

不思議の VII
「網絡安全」
保衞戰

22 世紀の
生活型態

5 大產業
趨勢探討

　　眾所周知加密貨幣的價格非常波動，但加密貨幣交易平台 Voyager Digital 公布的調查研究就顯示，有三分之二的美國人仍然看好加密貨幣，並認為比特幣 (Bitcoin)、山寨幣 (Altcoin)、穩定幣 (Stablecoin) 等，將在未來 5 年內成為廣泛接受的支付貨幣，同時約 64% 人認為加密貨幣會升值。

三分之二
美國人
看好加密貨幣

　　Voyager Digital 行政總裁 Stephen Ehrlich 表示，消費者把加密貨幣看成是一項長期投資，並認為建立在區塊鏈上的技術將會出現演變。

接受並擁有加密貨幣的群組分析

據 Voyager Digital 了解，目前已擁有加密貨幣的美國男性大約是女性的兩倍，而該研究在 2021 年 12 月 10 日至 20 日期間對 6,103 名美國人進行調查。調查的主要發現之一是，女性較男性接受擁有加密貨幣。有三分之二人認為，加密貨幣的接受程度將在未來 5 年內得到普及，當中女性有 53%，男性則有 44%。在 61% 表示有可能在該年購買加密貨幣的人當中，女性比男性購買加密貨幣的可能性略高，分別為 62% 和 60%。

6,103 名受訪美國人中有三分之二認為加密貨幣在 5 年內普及

另一發現是，對加密貨幣感興趣並想參與的「X 世代」（即 1965 至 1980 年出生者）和「Boomers」（即 1945 至 1964 年「嬰兒潮」世代）人數繼續增長。有 62% X 世代和 32% Boomers 表示，可能在該年購買加密貨幣。Ehrlich 指出，大部分人或會認為加密貨幣是屬於年輕一代的機遇，但調查顯示，仍有一定比例的 X 世代和 Boomers 也表明希望參與其中。

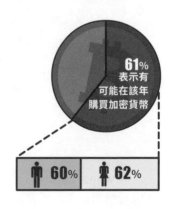

而被問到「是否認同加密貨幣是貨幣的未來」時，「Z 世代」（即 1990 至 2010 年出生者）的態度比較開放，表示認同的有 59%，至於 X 世代和 Boomers 分別有 46% 和 41%。

22 世紀の
宏觀新世界

不思議の I

從 META
看「元宇宙」

不思議の II

「人工智能」
超越人類

不思議の III

「芯片」猶如
數碼石油

不思議の IV

疫情推動
「無人經濟」

不思議の V

全球減碳
與「電動車」
發展

不思議の VI

「氫能」革命
蓄勢待發

不思議の VII

「網絡安全」
保衛戰

22 世紀の
生活型態

5 大產業
趨勢探討

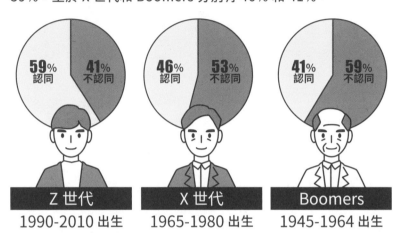

Z 世代	X 世代	Boomers
1990-2010 出生	1965-1980 出生	1945-1964 出生

59% 認同　41% 不認同

46% 認同　53% 不認同

41% 認同　59% 不認同

對加密貨幣知識的關注度

調查報告亦提到，受訪者關注對加密貨幣方面的教育，大約一半人表示，如果他們更了解加密貨幣，將會考慮投資更多於加密貨幣上，另有 55% 人表示想學習更多關於加密貨幣的知識。

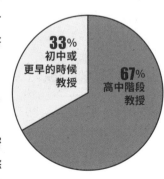

33% 初中或更早的時候教授

67% 高中階段教授

45% 的 X 世代和 Boomers 表示，希望在更年輕時就了解到加密貨幣。更重要的是，67% 受訪者表示，加密貨幣應該在高中階段就要教授，其餘 33% 則認為應該在初中或更早的時候教授。

VR、AR 和 MR 有何分別？

在智能眼鏡分類中，經常會聽到 VR、AR 和 MR 三種不同技術，以下簡述概念：

「虛擬現實」
（Virtual Reality, VR）

利用電腦模擬產生一個 3D 空間的虛擬世界，透過提供視覺等感官的模擬系統，令用家產生身歷其境的感覺。當用家移動位置時，電腦會進行即時運算，並精確地將 3D 世界影像傳回而產生臨場感，而這技術也常用於 VR 電影中。

「混合實境」
(Mixed Reality, MR)

　　結合真實和虛擬世界，並創造出可視化的新環境。這技術可令物理實體和數碼化對象共存，並能實時互相作用，是一種混合了真實環境、VR 及 AR 的技術。

「擴增實境」
(Augmented Reality, AR)

　　涉及實時計算攝影機影像的位置及角度，再結合相應圖像的一種技術，目標是在螢幕上把虛擬世界套在現實世界並進行互動。例如人氣手遊《Pokémon GO》就用上了 AR 技術。

VR/AR 眼鏡是核心技術？

VR/AR 技術是元宇宙必需且核心的應用技術，所以 Meta 早於 2012 年已開始大力投資 VR/AR 技術，開發 VR 頭罩、AR 眼鏡及手帶等，據悉旗下的 VR 部門已多達 10,000 名員工。

Meta 同時亦收購了多間 VR 公司，包括虛擬現實科技初創公司 Oculus，並已推出 VR 眼鏡產品 Oculus Quest 系統，讓用家可以享受 VR 遊戲及娛樂體驗。朱克伯格預言，2030 年人們便會慣常擁有一副具運算能力、為個人帶來全天候虛擬體驗的 VR/AR 眼鏡。

開發隨身佩戴的眼鏡裝置

元宇宙的另一關鍵技術之一是擴增實境 (AR)，可將資訊、圖像、物件、影音等內容，以虛擬方式疊加在現實環境中。Meta 已計劃在 2024 年發布首款 AR 眼鏡，而且設計上可做到運行時毋須依賴任何 iOS 或 Android 系統。

朱克伯格稱其 AR 眼鏡項目名為「Nazare」，第一代 AR 眼鏡將會配搭一個無線、手機形狀的設備，而且可卸載眼鏡運行所需的部分運算，不用依賴 Apple 或 Google 裝置。這也意味著，Meta 已放棄原初使用基於 Google Fuchsia 的訂製「微內核」(microkernel) 作業系統計劃，而建立自家的 AR 眼鏡操作系統。

22 世紀の
宏觀新世界

不思議の I
從 META
看「元宇宙」

不思議の II
「人工智能」
超越人類

不思議の III
「芯片」猶如
數碼石油

不思議の IV
疫情推動
「無人經濟」

不思議の V
全球減碳
與「電動車」
發展

不思議の VI
「氫能」革命
蓄勢待發

不思議の VII
「網絡安全」
保衛戰

22 世紀の
生活型態

5 大產業
趨勢探討

可配合智能腕帶進行互動

功能方面，朱克伯克認為通過 AR 眼鏡可與其他人進行全息圖交流和互動，隨著時間的推移，這將為人們提供比現在的視像通話更沉浸、更引人注目的體驗，他希望透過 70 度的視野（FOV）來實現這一目標。

據悉，該眼鏡的重量約 100 克，比普通眼鏡重 4 倍，並會使用「昂貴的訂製波導和微型 LED 投影器」（costly custom waveguides and microLED projectors）進行顯示。第一代的眼鏡配備眼球追蹤和一個前置攝像頭，以及框架內的立體聲。Meta 已與亞洲的半導體工廠合作，為未來的製造訂製芯片。

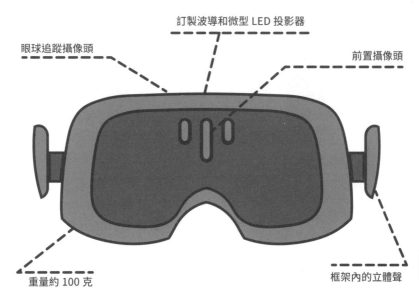

訂製波導和微型 LED 投影器

眼球追蹤攝像頭

前置攝像頭

重量約 100 克

框架內的立體聲

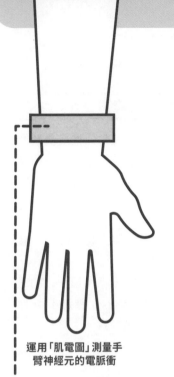

運用「肌電圖」測量手臂神經元的電脈衝

Meta 也希望將旗下腦機接口技術公司 CTRL-Labs 的智能腕帶納入 Nazare 項目。該腕帶運用肌電圖（electromyography, EMG）測量手臂神經元的電脈衝，從而創造出幻肢（phantom limb）的效果，佩戴者可以用來與 AR 眼鏡進行互動。

在 2024 年推出第一代 AR 眼鏡後，該項目計劃預期在兩年後再推出設計更輕便、更先進的第二代產品，而第三代產品則暫定於 2028 年推出。同時，Meta 也已計劃在 2024 年推出代號為「Hypernova」的廉價智能眼鏡，其特點是可與用戶的手機相連接，將手機通知傳送至眼鏡的平視顯示器中。

2024	2026	2028
推出第一代 AR 眼鏡	推出第二代產品	推出第三代產品

除了 Meta 外，騰訊、輝達（NVIDIA）、微軟（Microsoft）、Google、亞馬遜（Amazon）等，在資本、技術和內容方面具有天然優勢的巨企，近年都透過收購 VR/AR 公司和自家深度研發，為元宇宙的發展積極鋪路。

如何在「元宇宙」與世界溝通？

22 世紀の
宏觀新世界

不思議の I
從 META
看「元宇宙」

不思議の II
「人工智能」
超越人類

不思議の III
「芯片」猶如
數碼石油

不思議の IV
疫情推動
「無人經濟」

不思議の V
全球減碳
與「電動車」
發展

不思議の VI
「氫能」革命
蓄勢待發

不思議の VII
「網絡安全」
保衛戰

22 世紀の
生活型態

5 大產業
趨勢探討

語言是人與人之間重要的溝通橋樑，這在元宇宙亦一樣。Meta 正計劃建立一個由人工智能（AI）驅動的「通用語音翻譯器」（Universal Speech Translator），並指這項目將會為其元宇宙計劃提供廣泛的好處。

現今翻譯工具
沒涵蓋世上 20% 人口語言

儘管英語、普通話和西班牙語等常用語言，在目前的翻譯工具中已獲得廣泛應用，但世上仍有約 20% 人口是使用這些翻譯工具並沒有涵蓋的語言。朱克伯格指出：「用任何語言與任何人交流的能力，是人類夢寐以求的超級能力，而 AI 將會在我們有生之年實現這一目標。」

20%
翻譯工具
沒有涵蓋的語言

　　Meta 表示，希望通過兩個特定領域部署新的機器學習技術來改變這個局面。第一是「不遺下任何語言」（No Language Left Behind, NLLB），將專注於建立 AI 模型，使其能夠只利用小量的訓練實例就可學習翻譯語言。第二是「通用語音翻譯器」，目的是建立可直接將一種語音實時翻譯至另一種語言的系統，而毋須通過書面讀寫的過程（現時的翻譯工具通常都要先以書面形式寫下一種語言，才可翻譯至另一種語言）。

　　最重要的是，Meta 打算將這種技術成為覆蓋全球的應用產品，使其成為數以百萬計人的基本通訊工具。Meta 指出，通用翻譯軟件將成為未來可穿戴設備如 AR 眼鏡的「殺手級應用程式」（Killer App），也將打破沉浸式的 VR 和 AR 現實空間的界限。這意味開發通用語音翻譯器不但可帶來人道主義的好處，也為 Meta 的元宇宙計劃迎來巨大商機。

建設「元宇宙」還有甚麼難題？

22 世紀の
宏觀新世界

不思議のI

從 META
看「元宇宙」

不思議のII

「人工智能」
超越人類

不思議のIII

「芯片」猶如
數碼石油

不思議のIV

疫情推動
「無人經濟」

不思議のV

全球減碳
與「電動車」
發展

不思議のVI

「氫能」革命
蓄勢待發

不思議のVII

「網絡安全」
保衛戰

22 世紀の
生活型態

5 大產業
趨勢探討

　　當然，目前元宇宙的概念還處於初始階段，當中所需的硬件基礎設施，包括極其重要的 AR/VR 技術，甚至區塊鏈最基本的跨鏈技術，都還沒有完全成熟發展開去，但作為「元宇宙的眼睛」——VR 眼鏡，無疑是備受重視而投入成分最高以及優先研發的項目。

價格與重量的考量

　　在 VR 技術大範圍普及之前，都需要解決目前 VR 產品的高價位以及用戶體驗度的問題。此外，主流的 VR 眼鏡都顯得比較笨重，如何在技術層面上將之輕量化，並能夠做出更精準的分辨率、且能夠更好地閱讀文本等，都具有相當大的進步空間。

　　關於 VR 眼鏡的未來方向，朱克伯格認為，「眼鏡厚度約為 5 毫米，基本上把電腦芯片、網絡芯片、全息波導器、用於感知和繪製世界地圖的裝置、電池和揚聲器都裝進眼鏡裡頭就行了，但這明顯是一個真正的挑戰。」

百花齊放的技術開發

隨著 VR/AR、服務器以及區塊鏈跨鏈技術愈趨成熟，市場的目光逐漸聚焦元宇宙的細分領域，將吸引不同企業參與其中。例如 Snapchat 致力於發展虛擬形象設計、Genies 則立足於表情製訂，這類 Apps 的出現，正好滿足元宇宙所需的各維度需求。

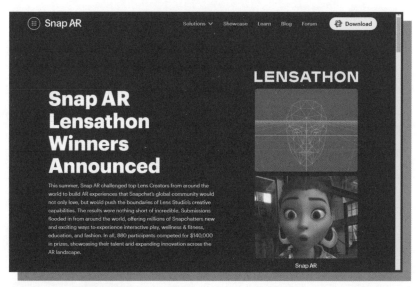

▲ Snapchat 的 AR Lens Creator 挑戰。　　　（圖片來源：https://ar.snap.com）

不過，現時各領域的元宇宙產品應用，還只是處於創立屬於個別小型元宇宙的狀態，各個「宇宙」之間的連接性，仍不足以為用家提供一個方便的體驗，因此不同企業間、各個產品的包容性如何協調運行，都會是元宇宙探索發展階段必然需要面對的課題。

7大科技與生活議題基礎探知

「人工智能」超越人類

「人工智能」有何好處？

近代科學家一直在追求「人工智能」（Artificial Intelligence, AI）的發展，最大的目標莫過於解放人類的勞動力，讓人們的生活過得更舒適。就像以往發明汽車是為了代替人類用雙腿走路、計數機代替了紙筆或心算、打字機代替了徒手抄寫、電話代替了信件傳播訊息等⋯⋯種種發明帶來的共同意義，都是將人類從低效率的苦活、重複乏味的勞動中解放出來。

毫無疑問，人工智能必然會帶來比工業革命更高效的進步，但同時亦導致人類無可避免地面對一系列涉及人性、道德、階級及經濟等社會議題。在真正地讓人工智能完全融入人類生活之前，我們又能否先行為這些議題找到最佳的應對方案？

深度自我學習　超越人類決策能力

實際上，人工智能也未必如科幻小說般描述，是可以具有人類形態或特性的機械人。人工智能有「強、弱」之分，「弱 AI」又稱「專用人工智能」，主要是用來執行較狹窄、單一範圍的任務，就像 Google 引擎的搜索算法，又或 IBM 的「華生」（Watson）電腦問答系統。但科學家長期目標是創建「通用人工智能」，即「強 AI」。近年最有代表性的強 AI，莫過於在 2016 及 2017 年分別擊敗韓國圍棋大師李世乭及中國圍棋大師柯潔的新世代人工智能圍棋程式「AlphaGo」。

22 世紀の
宏觀新世界

不思議の **I**

從 META
看「元宇宙」

不思議の **II**

「人工智能」
超越人類

不思議の **III**

「芯片」猶如
數碼石油

不思議の **IV**

疫情推動
「無人經濟」

不思議の **V**

全球減碳
與「電動車」
發展

不思議の **VI**

「氫能」革命
蓄勢待發

不思議の **VII**

「網絡安全」
保衛戰

22 世紀の
生活型態

5 大產業
趨勢探討

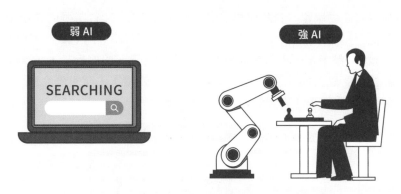

弱 AI　　　　強 AI

SEARCHING

由 Google 開發的 AlphaGo 能進行深度的自我學習，經過專家的調節，它可以在任何能夠純憑邏輯分析推算的問題上，把人類遠遠拋在背後，儘管圍棋高手下棋時可預先算出對手往後十步的行動而作出應對，但 AlphaGo 則已有能力推算出其人類對手一百步後的可能。

當硬件配置的運行速度愈來愈快，AlphaGo 的學習能力亦會愈來愈強，使收集和模擬的數據愈來愈多，結果就能計算「出勝率」最高的每一步棋。當年以總局數 1:4 落敗的李世乭，亦是現今世上唯一贏過 AlphaGo 一局的人類，他戰後坦承：「即使自己排名第一，也不可能戰勝電腦。」之後，AlphaGo 還透過演算法繼續學習，創下 100 勝 0 敗的驚人成績。

AlphaGo 背後「深度學習」算法的跨時代意義，在於其賦予機器進行主動學習、主動理解並創造解法的能力。以往機器的運行機制是，「設定 A，要進行 X 行動；設定 B，要進行 Y 行動……如此類推」，然後根據人類的命令和指示去進行已預設的行動，所以行動該朝甚麼方向還須依賴人類先思考而後決策，人類的角色是「主導者」，而機器是人類勞動力的「替代者」。

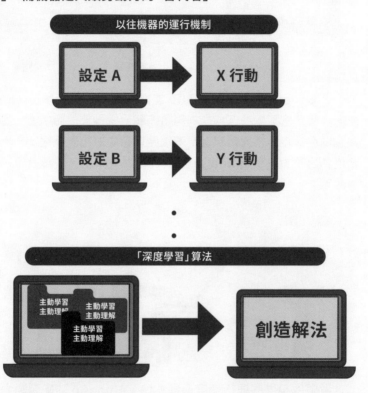

而從 AlphaGo 的效能所見，隨著科技的進化，人工智能已為機器的角色帶來更深一層的意義，它已由「決策輔助」，進化至「決策替代」，逐步取代人類的部分功能，甚至乎是超越人類。

如果 AI 被邪惡利用……？

22 世紀的宏觀新世界

不思議の I
從 META 看「元宇宙」

不思議の II
「人工智能」超越人類

不思議の III
「芯片」猶如數碼石油

不思議の IV
疫情推動「無人經濟」

不思議の V
全球減碳與「電動車」發展

不思議の VI
「氫能」革命蓄勢待發

不思議の VII
「網絡安全」保衛戰

22 世紀的生活型態

5 大產業趨勢探討

「強大人工智能的崛起，可能是人類遇到最好的事情，也可能是最壞的事情，但我們還不知道答案。」這是已故物理學家霍金（Stephen Hawking）對人工智能在未來世界的評價。

人工智能可以為人類帶來美好，亦可能會帶來災難。劍橋大學生存風險研究中心（CSER）公布的《對人工智能的惡意使用》（*The Malicious Use of Artificial Intelligence*）報告，由其團隊搜羅學術界、民間社會、業界的觀點，整合出人工智能的潛在威脅，以及罪犯可能發展的惡意活動，常見的例子包括製造合成的「仿真人聲」去做出誘騙行為，又或將「人臉識別」技術結合載有武器的無人機進行定向擊殺等，當中已經涉及到威脅人類性命的範疇。

即使是「善良」的 AlphaGo，設定上只是圍棋策略應用，表面看僅是智謀活動的決策互動，但萬一它被黑客非法利用，將背後的技術應用來歸納密碼設定等大數據的規律，繼而搜索編碼中易於攻破的薄弱環節，結果就會造成很大的保安漏洞，對人類財產安全構成危害，導致資源上的損失。

偽造「識別認證」
達至政治輿論操縱、經濟金融詐騙

近年興起的「深偽技術」（Deepfake），就是將一個人的圖像或影片疊加至目標圖像或影片上，這項技術可被利用作偽造，如將名人的樣貌放在色情圖片或影片之上，以製造假新聞或惡作劇等。雖然這類影片已被 Reddit 和 Twitter 等禁止，但仍見在眾多網絡媒體上流傳，例如在 Youtube、Vimeo 等流行的線上影片網站上仍很容易找到 Deepfake 影片。

如果 Deepfake 被立心不良的政治團體利用，成為政治工具，就可製作和發布假視頻，用來操縱輿論，以達至某種政治目的，更可能會引起社會的不滿情緒而出現大規模的社會事件。

而放諸金融行業的應用上，Deepfake 檢測公司 Sensity 便曾於 2022 年發表報告，對 10 間頂級「生物識別認證」供應商的產品進行漏洞檢測，這些「生物識別認證」系統主要是用於銀行服務。

「深偽技術」

目標圖像　　　　　已有的圖像

疊加圖像

Sensity 利用 Deepfake 技術，先將一張人臉複製到身分證上，供「生物識別認證」系統掃瞄，然後再將同一張臉複製至一段影片之中。接著，該系統要求身分證上的「當事人」看著手機或電腦上的鏡頭，

並作出轉頭或微笑的動作，以證明他是一個真實的人，再利用「人臉識別」將其外表與身分證上的照片進行比對。

結果顯示，當中有 9 間供應商的系統都輕易被 Deepfake 技術所蒙騙，成功通過身分認證。Deepfake 技術對銀行用戶的認證系統無疑是一種危機，因為該技術能創建假賬戶，冒認任何人的身分進行任何事，而且這種作假沒有人能夠發現。Sensity 營運總監 Francesco Cavalli 舉例說：「我可以冒認他人身分，創建一個賬戶，又或將非法資金轉移到加密錢包的數碼銀行賬戶，又或要求抵押貸款。」他認為，新一代的 AI 力量足以對銀行，以至金融業構成嚴重威脅。

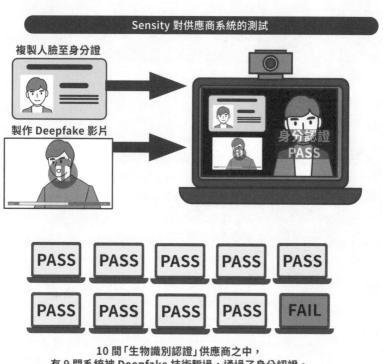

10 間「生物識別認證」供應商之中，
有 9 間系統被 Deepfake 技術騙過，通過了身分認證。

22 世紀の
宏觀新世界

不思議のI
從 META
看「元宇宙」

不思議のII
「人工智能」
超越人類

不思議のIII
「芯片」猶如
數碼石油

不思議のIV
疫情推動
「無人經濟」

不思議のV
全球減碳
與「電動車」
發展

不思議のVI
「氫能」革命
蓄勢待發

不思議のVII
「網絡安全」
保衛戰

22 世紀の
生活型態

5 大產業
趨勢探討

AI 能作出「最正確」的道德抉擇？

人工智能被惡意利用，除了會為政治或經濟等方面帶來一連串人類災難性傷害外，在道德及責任上同樣需要相當關注。

2004 年上映的電影《智能叛變》(*I, ROBOT*) 有一個劇情值得我們反思，亦是未來必然會遇上的問題。

劇中由韋史密夫 (Will Smith) 飾演的主角非常討厭科技和機械人，原因是有一次他駕駛時跟另一輛車相撞，發生意外後，兩車一同衝進河中，他被困車內時看到另一車內的一個女孩不斷地掙扎，很想救她卻自身難保。

這時，有一個機械人衝入水中打破他的車門，把韋史密夫從車內拉出。韋史密夫當時不斷叫機械人先救另一沉在水中更深位置的車內的那個女孩，然後才救他。但機械人並沒有理會他，只因為機械人計算過救回韋史密夫比救回女孩的成功率高，於是決定只拯救他，結果韋史密夫只能眼白白看到小女孩沉入水底⋯⋯你認為該機械人所作的決定，是正確還是錯誤呢？

「人工智能」作抉擇　如何判斷是非、對錯？

22 世紀の
宏觀新世界

不思議のⅠ
從 META
看「元宇宙」

不思議のⅡ
「人工智能」
超越人類

不思議のⅢ
「芯片」猶如
數碼石油

不思議のⅣ
疫情推動
「無人經濟」

不思議のⅤ
全球減碳
與「電動車」
發展

不思議のⅥ
「氫能」革命
蓄勢待發

不思議のⅦ
「網絡安全」
保衛戰

22 世紀の
生活型態

5 大產業
趨勢探討

　　說到底，人本身也會經常遇上道德兩難的局面，做出難以判斷是對或錯的選擇，更何況是人工智能？

　　人工智能的基礎，是根據由人類寫入的程式去進行學習和思考，由其作出的抉擇完全是出於邏輯理性的判斷。以生存機會率去決定選擇拯救哪個人，無疑是一個科學化的抉擇，但這就代表正確嗎？

　　或許你會覺得劇中的情境屬於遙遠的未來，現在並不急於去代入這複雜的問題中，但事實上逐漸量產化的「無人駕駛電動車」（簡稱「無人車」）所配載的自動駕駛系統，已慢慢加入了人工智能。

　　例如工程師為人工智能寫入「當車輪失靈不能停下該怎麼辦？」的情境題，它要選擇控制駕駛的方向將傷害減到最低，當中考慮到不同變數，例如「被撞者」的選項可以是孕婦、幼童、老人、流浪漢、專業人士、富豪等，再由人工智能根據程式去計算每個人的「價值」，去判斷被撞的「取捨」、「次序」。然而，這已陷入「價值觀」和「道德倫理」等兩難困局。所謂人的「價值」是根據甚麼條件去計算？窮人比富人在社會的貢獻少，所以應「優先被撞」嗎？老人家餘下壽命理應最少，所以應選擇「優先替代」年輕人被撞到嗎？人的價值真的能這樣被計算出來嗎？

專業人士

孕婦　富豪

老人

幼童

AI 出錯犯罪了
該當如何承擔法律責任？

再進一步說到法律責任上的問題，當無人車上的人工智能因失控而導致車禍，究竟事故中誰應負上責任？是坐在車裡、完全沒有參與駕駛的車主？是負責寫入人工智能程式的程式員？是安裝機件的汽車廠？抑或是人工智能本身？

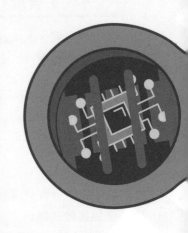

現時由人負上法律責任的方法不外乎罰款和監禁，但如果是由人工智能負上責任又應如何處理？罰款和監禁應該都不可能進行，那麼除了刪除程式外，似乎沒有更好的選擇。但刪除程序本質上是沒有任何法律上的權益或懲罰意義，更何況受害者也不會因此而得到任何形式的補償。

誰應負上責任？

安裝機件的汽車廠

沒有參與駕駛的車主

程式員

22 世紀の
宏觀新世界

不思議のⅠ

從 META
看「元宇宙」

不思議のⅡ

「人工智能」
超越人類

不思議のⅢ

「芯片」猶如
數碼石油

不思議のⅣ

疫情推動
「無人經濟」

不思議のⅤ

全球減碳
與「電動車」
發展

不思議のⅥ

「氫能」革命
蓄勢待發

不思議のⅦ

「網絡安全」
保衛戰

22 世紀の
生活型態

5 大產業
趨勢探討

Meta 開放模型
深耕研究「人工智能」的道德層面

隨著人工智能發展已滲透至眾多科技領域，有關的道德議題也更形重要，而擁有龐大 AI 資源的 Meta 已宣布開放 AI 大型語言模型存取，供更廣泛的 AI 研究社區使用，以提高研究人員了解「大型語言模型是如何運作」的能力。

「開放式預設訓練轉化器」（Open Pretrained Transformer）OPT-175 B 便是一個具有 1,750 億個參數的 AI 大型語言模型。學術研究人員、政府相關人員、民間社會和學術組織，以及行業研究實驗室被允許存取該模型。Meta 表示，希望透過開放該模型，能增加界定 AI 在道德考量上的聲音多樣性，期望開放平台後，讓更多人對「AI 的道德範疇」作出更廣泛的討論，由此提高 Meta 建設更高穩健性的 AI，並在處理與 AI 相關的道德問題上有更佳的進展。而為防止濫用和保持完整性，該模型屬於非商業性質，專注收集及分析案例作研究用途。

刪除程序

▶ Meta「開放式預設訓練轉化器」
　（Open Pretrained
Transformer）OPT-175 B

（圖片來源：https://ai.facebook.com/blog/）

勞動工作被取代是壞事？

人工智能的「好處」亦可能是「壞處」。特斯拉（Tesla）創辦人馬斯克（Elon Musk）提出過，「當自動駕駛汽車（無人車）在全國範圍被廣泛採用時，社會體系就需要適當地讓司機無縫接軌到更有意義的角色。」這延伸出另一個更大的議題，就是當人工智能在生活中廣泛採用時，人類又應該怎樣擔當更有意義的角色呢？

機械人做得到的工種將愈來愈多

在可遇見的未來，大部分人類的工作很可能都會逐漸被配有人工智能的機器所取代，就像文職類的電話銷售或客戶支援工作，人工智能只要通過顧客資料、其購買歷史，以及表情識別等大數據，就能找到吸引顧客和處理客戶問題的方法，所花費的時間必然較真人處理的少，而且更有效率。

又例如勞動類的物流工種，現時亞馬遜（Amazon）的倉庫已經採用了由 Kiva 系統開發的機械人，它們會把貨架搬到固定位置的人類工人面前，然後由工人揀選商品並放入箱子裡；但不難想像，未來將進一步由機械人完成揀選商品及入箱的動作，這職業也順理成章地會被取代。

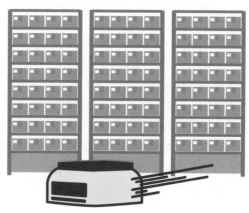

機械人不眠不休全天候上班

機械人可以取代的職業還不止這些，不少專業人士的職業工作，例如護士、醫生、記者、會計、教師、律師等，都會隨著人工智能的成熟而被逐步替代其位置，而且這些機械人毋須請病假，只需要供電和網絡，就能一年 365 天、一天 24 小時地「上班」，為人類社會創造財富。

人類勞力大解放的「後工作社會」

現時大多數人都是透過交換自身的時間、加上腦力及勞力來持續賺取收入,而人工智能的發展,將創造出一種「後工作社會」,最理想的目標當然是將人工智能定位為幫助人類更好地解決問題的工具,從而讓人的時間、腦力及勞力用於更具意義、更有發揮的事情上,並投放更多的心力在建造社會福利制度之上。

學者李開復認為,「人工智能」超越人類左腦(工程邏輯思維)是「塞翁失馬,焉知非福」:「正視發育右腦的學科領域,平衡文理,也許就是要人類從過去幾十年重視理工,傾斜回來,花更多的精力在機器不擅長的右腦。例如:文學詩歌、藝術音樂、電影話劇、文創設計、工匠之美、宗教哲學、溝通情商。這不是說就不要學理工了,而是說應該讓適合理工、愛好理工的人學理工,適合人文、愛好人文的人學人文。我們應該平等看待文理,並且鼓勵發展文理雙全的人才。」

人類左腦 ▶
理工
邏輯思維

◀人類右腦
文學詩歌、藝術音樂、
電影話劇、文創設計、
工匠之美、宗教哲學、
溝通情商

人類害怕 AI 奪去工作？

22 世紀の
宏觀新世界

不思議のI
從 META
看「元宇宙」

不思議のII
「人工智能」
超越人類

不思議のIII
「芯片」猶如
數碼石油

不思議のIV
疫情推動
「無人經濟」

不思議のV
全球減碳
與「電動車」
發展

不思議のVI
「氫能」革命
蓄勢待發

不思議のVII
「網絡安全」
保衛戰

22 世紀の
生活型態

5 大產業
趨勢探討

　　當 AI 正逐步廣泛應用於各行各業中，人類一直以來所擔當的勞工角色將發生甚麼改變？進入後工作社會，人類該如何自處？國際數據機構 IDC 曾指出，2022 年全球 AI 市場將增長到 3,275 億美元，意味企業及大眾對 AI 技術的採用和興趣正在增長。AI 創初企業 Cogito 也對 1,000 名美國消費者（18 至 65 歲以上）進行調查，以了解人們對人工智能的理解、整體認知和使用情況，以及在數據私隱的監管上是否存在擔憂。

　　調查結果顯示，對於 AI 的整體看法，43% 受訪者認為「AI 是強大且正面的創新技術」，26% 認為「AI 的功能經常被誤解」，10% 受訪者覺得「AI 會對人類的工作構成威脅」，亦有 10% 的人認為「AI 不可信」。

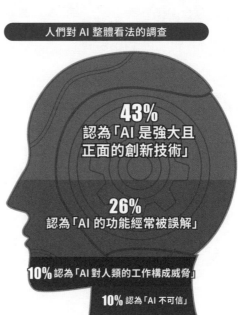

人們對 AI 整體看法的調查

43%
認為「AI 是強大且正面的創新技術」

26%
認為「AI 的功能經常被誤解」

10% 認為「AI 對人類的工作構成威脅」

10% 認為「AI 不可信」

被問到將 AI 工具應用至工作場所的看法時，有 45% 人覺得「AI 可幫助簡化複雜的工序，來支援員工工作」。另有 22% 人認為「AI 會取代他們進行日常具重複性的工作」，以及 15% 人認為「AI 會奪去人類的工作」。

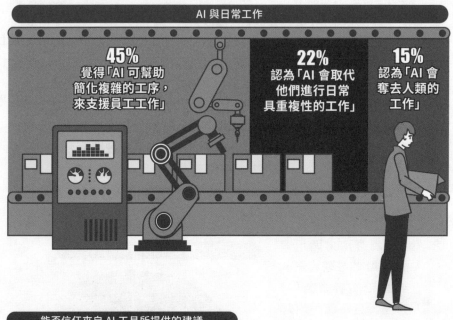

AI 與日常工作

45% 覺得「AI 可幫助簡化複雜的工序，來支援員工工作」

22% 認為「AI 會取代他們進行日常具重複性的工作」

15% 認為「AI 會奪去人類的工作」

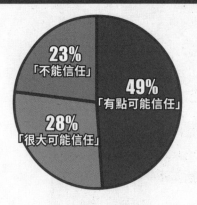

能否信任來自 AI 工具所提供的建議

23% 「不能信任」

49% 「有點可能信任」

28% 「很大可能信任」

至於問及能否信任來自 AI 工具所提供的建議，分別有 28% 及 49% 的人認為，「很大可能信任」及「有點可能信任」AI 的建議，而 23% 受訪者則認為 AI 的建議是「不能信任」的。

該調查亦訪問了人們對 AI 的監管以及對行業操守行為標準的看法。

其中有三分之一受訪者認為，如果美國聯邦政府加強對 AI 工具的監管，將會更支持使用這項技術。

如果企業能夠更明確說明 AI 技術的用法，以及 AI 所收集的數據用途，則有 43% 受訪者對企業採用 AI 有更積極且正面的看法。如果品牌能說明其使用客戶資料的行為準則，就有 39% 人會更願意支持使用 AI 工具。

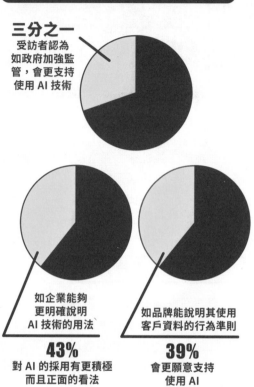

對 AI 監管及行業操守行為標準的看法

三分之一
受訪者認為如政府加強監管，會更支持使用 AI 技術

如企業能夠更明確說明 AI 技術的用法

43%
對 AI 的採用有更積極而且正面的看法

如品牌能說明其使用客戶資料的行為準則

39%
會更願意支持使用 AI

透過調查所得，Cogito 總裁 David Sudbey 認為，隨著企業對 AI 在工作上的應用需求上升，AI 技術的應用亦需要更加透明，並且有責任教導人類與機器如何共同工作。他強調「必須彌合人類與 AI 之間的信任差距，讓人們明確了解 AI 的好處，以及如何為人類提供支援」。

22 世紀の宏觀新世界

不思議のI
從 META 看「元宇宙」

不思議のII
「人工智能」超越人類

不思議のIII
「芯片」猶如數碼石油

不思議のIV
疫情推動「無人經濟」

不思議のV
全球減碳與「電動車」發展

不思議のVI
「氫能」革命蓄勢待發

不思議のVII
「網絡安全」保衛戰

22 世紀の生活型態

5 大產業趨勢探討

AI 會激化
階級問題？

在資本主義社會，資本家之所以能夠與政治力量抗衡，在於他們手握的資本能夠通過購買機器轉化產能而獲得資源，在工業革命時，這種手段就替代了部分手工業者的生產地位，並形成了現代勞資雙方的關係。

勞資兩方的角力

資方雖然擁有機器，但亦需要聘請工人進行操作才能生產，而過程中也需要聘請管理人員去監督和決策。勞資關係的資本方始終是佔據著主導地位，但勞動方仍可通過合約和公會的方式去向資本方提出訴求和爭取權利，基本上亦未至於出現被資本方一面倒「吃死」的局面。

人類勞工的失勢

但隨著人工智能於各行各業普及化，機器取代人類的工作崗位勢將造成大量失業的同時，皆因手握技術的企業由此獲得更豐厚的收入回報，財富便更集中於少數人手中，可以預期，人工智能的崛起將造成經濟階級結構性的調整，形成一連串財富資源大洗牌的骨牌效應。

物理學家霍金曾指出，「當生產效益與利潤會被集中掌握在少數擁有高度人工智能資源的群體手中，貧富差異就會愈趨極端，社會就會高度暴露在資源分配不均的風險環境中。」

社會階級進一步固化

未來的機器不但具有取代人類勞動力和執行力的效能，而人工智能的發展勢將令機械人也可擁有決策力，甚至乎管理能力，嚴格上能夠超越人類成為完整替代者。結果是，本來已經不平衡的勞資關係將更進一步極端傾斜，勞動方將難以用合約或公會等手段去有效制衡資方，所謂「貧者愈貧，富者愈富」的現象，將會隨著社會階級進一步固化而加劇……或許，既極端又天方夜譚的想法是——到時就只有透過改變全世界的經濟制度和金融模式，包括將財產私有制廢除，才有可能從根本上杜絕以上所推想的未來吧。

AI 創作藝術品可獲版權保護嗎？

　　由人工智能所創作的藝術品，應否和人類的藝術品一樣，享有版權保護的權利？美國企業 Imagination Engines 創辦人 Stephen Thaler 博士便曾兩度試圖為一幅由 AI 算法生成的圖片、名為《最近天堂的入口》（*A Recent Entrance to Paradise*）的藝術品，向美國版權局（USCO）申請版權保護，但結果兩次都遭到當局拒絕。

▲《最近天堂的入口》（*A Recent Entrance to Paradise*）　　　　　（網上圖片）

AI 創作價值之爭議

早於 2019 年時，USCO 已拒絕了 Thaler 就該作品提出的版權保護，當他再次請求重新審議當年的裁決時，還是碰一鼻子灰。USCO 指出該作品是由 AI 創造，而 Thaler 的申請是將該作品註冊為「由創意機械擁有者提供的僱傭作品」（as a work-for-hire to the owner of the Creativity Machine）。

USCO 表示，目前的版權法只對「建立在人類思想創造能力的智力勞動成果」提供保護，因此受版權保護的作品「必須由人類創造」，所以該局並不會批准「由機械或單純的機械過程產生的、缺乏人類作者參與或創作投入的作品」的版權註冊申請。

由於 Thaler 未能提供證據證明《最近天堂的入口》是人類作者的成果，因此該作品的版權註冊不獲 USCO 批准。

由 AI 開發的專利項目

然而，AI 的創作品不獲版權保護也非絕對，例如 2021 年澳洲聯邦法院就裁定，AI 創造的發明也有資格獲得專利保護，而該獲得資格的兩項專利品（分形食物器及警示燈），正是由 Thaler 研發、名為「DABUS」的 AI 人工神經系統所發明。

22 世紀の
宏觀新世界

不思議の I
從 META
看「元宇宙」

不思議の II
「人工智能」
超越人類

不思議の III
「芯片」猶如
數碼石油

不思議の IV
疫情推動
「無人經濟」

不思議の V
全球減碳
與「電動車」
發展

不思議の VI
「氫能」革命
蓄勢待發

不思議の VII
「網絡安全」
保衛戰

22 世紀の
生活型態

5 大產業
趨勢探討

哪個行業與領域未來投資 AI 最多？

人工智能的商業創新和自動化應用，將有助優化和簡化複雜和重複的商業任務，從而提升企業的決策效率。

以亞太區為例，國際數據公司（IDC）的報告顯示，亞太區對 AI 系統的總投資正急劇上升，根據《全球人工智能支出指南》（*Worldwide Artificial Intelligence Spending Guide*）的分析，亞太區國家在 2022 年花費 176 億美元投資於 AI 系統，至 2025 年的總投資額更將急升至 320 億美元。

▲亞太區對 AI 系統的總投資正急劇上升

亞太區國家於 AI 系統的投資額

2022 年 — 176 億美元

2025 年 — 320 億美元

22 世紀の
宏觀新世界

不思議のⅠ

從 META
看「元宇宙」

不思議のⅡ
「人工智能」
超越人類

不思議のⅢ
「芯片」猶如
數碼石油

不思議のⅣ
疫情推動
「無人經濟」

不思議のⅤ
全球減碳
與「電動車」
發展

不思議のⅥ
「氫能」革命
蓄勢待發

不思議のⅦ
「網絡安全」
保衛戰

22 世紀の
生活型態

5 大產業
趨勢探討

金融業、政府機構率先採用

至於在 AI 解決方案上投資最多的行業，銀行業會在未來 5 年繼續處於首位；第二名則是國家和地方政府，其重點是公共安全和應急反應，以及增強威脅情報、預防危機系統等。

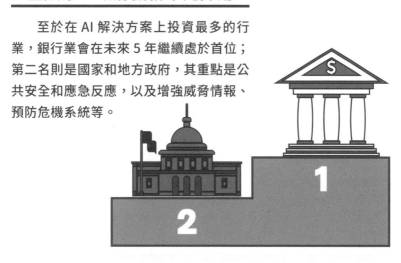

新冠疫情營造趨勢

新冠疫情帶來的眾多商業和辦公室營運變化也將持續存在，IDC 也預計像是遙距工作或非接觸式的互動，將繼續採用 AI 系統發展下去。長遠來看，關於如何處理與 AI 解決方案相關的風險因素說明，將增加企業應用 AI 的信心。企業將持續投資於 AI，通過提高消費者洞見、人員效率和決策速度來獲得競爭優勢。

報告也提到，在眾多細分技術中，硬件設備佔 AI 總投資支出近 49.8%，而 AI 應用程式和 AI 平台則佔 AI 軟件總支出 71% 以上。

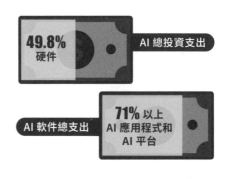

49.8%
硬件

AI 總投資支出

71% 以上
AI 應用程式和
AI 平台

AI 軟件總支出

III

「芯片」猶如數碼石油

日常生活「失芯荒」？

芯片與日常生活

芯片的應用在日常生活無處不在。家電、電腦、手機、汽車，以至各種各樣的機器，實在無芯不行。不過，近年由於新冠疫情，各國實施局部區域封鎖，多個行業轉為在家工作，其中芯片工廠的生產運作也因工人停工而大受影響，再加上物流運輸延期等原因，芯片供應緊張，從而形成不同產業都出現「芯片荒」，例如負責運算和存儲功能的手機芯片，以及用於資料傳輸、執行駕駛指令的車用芯片等等。由於芯片缺貨，連帶手機和汽車產量都大減，結果導致產品供不應求，引發價格急升的骨牌效應。

芯片與日常消費

22 世紀の
宏觀新世界

不思議のI
從 META
看「元宇宙」

不思議のII
「人工智能」
超越人類

不思議のIII
「芯片」猶如
數碼石油

不思議のIV
疫情推動
「無人經濟」

不思議のV
全球減碳
與「電動車」
發展

不思議のVI
「氫能」革命
蓄勢待發

不思議のVII
「網絡安全」
保衛戰

22 世紀の
生活型態

5 大產業
趨勢探討

即使你沒有駕車，也不會追趕潮流換手機，是否就意味著生活不會受到「芯片荒」的影響呢？

事實是，這一場芯片荒亦會衝擊銀行卡和信用卡服務。智能支付協會 (Smart Payment Association) 就指出，如果芯片短缺問題持續，全球芯片卡供應受到影響，各地銀行卡、信用卡業務勢將出現困境。

目前全球每年銀行卡、信用卡需求量達 30 億張，新開卡和換卡用戶均需大量卡片芯片，然而當前芯片供應短缺，芯片卡製造商難以採購芯片，又如何維持卡片的市場供應？現時全球的非現金交易之中，約有 90% 消費用戶是透過使用實體卡片完成付款，即使是線上交易，也大多需要綁定實體銀行的芯片金融卡或芯片信用卡，因此要確保芯片卡供應正常，才能維持全球商業運轉與一般人日常消費生活，芯片的影響力已徹底滲透於我們的生活之中。

隨著科技發展及後疫情的生活模式轉變，芯片在國際市場的重要性只會有增無減，哪個國家、哪間企業掌握了芯片相關技術的話事權，就接近主導全球經濟發展的命脈！

這也難怪會衍生出近年轟動業界的 ARM 併購案。

芯片得失致世紀爭霸戰？

由 Nvidia 收購 ARM 的失敗案說起

2020 年 9 月，美國半導體巨頭輝達公司（Nvidia）計劃向日本軟銀（SoftBank），以 400 億美元收購旗下芯片架構公司安謀（ARM），不過該計劃於 2022 年 2 月告吹。當時這樁被認為是半導體行業最大的併購案，需通過中國、英國、歐盟和美國監管部門的同意才能完成，但高通（Qualcomm）、蘋果（Apple）、華為（Huawei）等企業，都紛紛表示抵制這次併購。由此可見，芯片應用的主導權和生產芯片的能力，已是國家級層面的戰略考慮，因此 ARM 併購案失敗，在風波下結束，也是意料中事。

芯片開放授權使用之中立性與重要性

ARM 是一家總部位於英國劍橋、主要製造芯片設計和 IP 授權的半導體企業，為蘋果、三星和高通等公司的行動設備處理器提供底層架構和芯片「動力」支援，2016 時被日本軟銀收購。

ARM 的最大優勢是其架構處理器以低電耗聞名，所以全球超過 95% 的智能手機都在使用，促使它成為芯片 IP 領域市佔率第一的企業。

全球超過 **95%** 的智能手機
都在使用 ARM 架構處理器

蘋果

高通

Samsung

22 世紀の
宏觀新世界

不思議の I
從 META
看「元宇宙」

不思議の II
「人工智能」
超越人類

不思議の III
「芯片」猶如
數碼石油

不思議の IV
疫情推動
「無人經濟」

不思議の V
全球減碳
與「電動車」
發展

不思議の VI
「氫能」革命
蓄勢待發

不思議の VII
「網絡安全」
保衛戰

22 世紀の
生活型態

5 大產業
趨勢探討

是次併購 ARM 的舉動受到多方反對，皆因可導致手機芯片的壟斷性極高，當中尤以中國的反對聲音最大。因為有 95% 中國半導體企業設計芯片所使用的集成系統（SoC）是基於 ARM 架構，每年相關芯片放量約 100 億。同時，ARM 在知識產權市場份額超過 40%，在手機芯片的知識產權市場份額超過 90%。

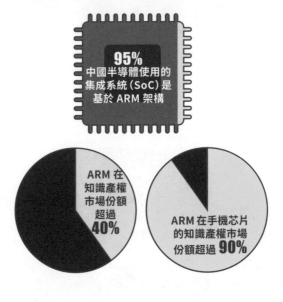

ARM 芯片架構技術的重要性

95%
中國半導體使用的集成系統（SoC）是基於 ARM 架構

ARM 在知識產權市場份額超過 40%

ARM 在手機芯片的知識產權市場份額超過 90%

目前 ARM 是向全球芯片商及手機商採用開放授權模式，不介入不同廠商之間的競爭，以維持其面向全球客戶的中立性地位。然而，一旦 Nvidia 成功併購 ARM，ARM 便會變成美國公司的子公司，勢將加大 Nvidia 市場壟斷的力度，各大科技企業要想使用 ARM 架構設計芯片的話，就必先徵得 Nvidia 的同意，結果 ARM 架構的中立性很大可能將不復存在，從而令中國以至其他國家的半導體企業的發展，或受到極大的限制，各國智能手機行業的專利根基，都會捏在美國 Nvidia 公司手中，最終將現有市場的平衡格局打破。

芯荒慌下產能
有何趨勢？

22 世紀の
宏觀新世界

不思議のⅠ
從 META
看「元宇宙」

不思議のⅡ
「人工智能」
超越人類

不思議のⅢ
「芯片」猶如
數碼石油

不思議のⅣ
疫情推動
「無人經濟」

不思議のⅤ
全球減碳
與「電動車」
發展

不思議のⅥ
「氫能」革命
蓄勢待發

不思議のⅦ
「網絡安全」
保衛戰

22 世紀の
生活型態

5 大產業
趨勢探討

疫情下供不應求

全球市場競爭的格局無疑激烈，而芯片短缺的困局更急需迫切應對。疫情激活了在家工作的趨勢，直接加速了企業數碼化的進程，個人電腦的應用普及化，帶動了半導體需求的增加。可是，新冠疫情持續下，很多工廠被迫間歇性停工而拖慢生產進度，芯片廠商也因憂慮疫情未見曙光，對前景產生不確定性，於是供應鏈傾向囤積居奇，令下游對芯片的需求持續緊張，造成芯片漲價。

產能依賴過度集中

中國首家中外合資投資銀行中金公司的報告指出，全球晶圓（Wafer）產能集中度提升，擴產較少，難以滿足爆發的需求。現時全球先進製程產能都集中於少數晶圓廠商，手機或個人電腦等領域高端數字芯片都需要先進製程，對台積電、三星等廠商依賴程度較高，因此這些地方的疫情受控程度都主導著全球芯片的供應。

此外，2021 年幾宗突發事件亦加劇了芯片荒的出現。例如，2021 年 2 月日本福島近海海域發生強震、美國半導體重鎮德克薩斯州遭遇罕見暴雪，以及半導體重鎮馬來西亞在 6 月宣布「封國」，結果都令當地半導體企業被迫進入停工、停產，加劇了早已處於失衡狀態的全球芯片供需格局。

中美貿易戰之牽連

　　其實，早於疫情前的 2018 年，中美貿易戰的發生已促使芯片短缺的狀況。台積電董事長劉德音 2021 年 3 月在台灣半導體產業協會 (TSIA) 年度會員大會中便曾表示，「中美貿易戰使供應鏈與市場佔比移轉，加上中美關係緊張，導致部分供應鏈轉移產生浪費、美國制裁華為讓其他競爭者預期可以拿到更多市佔，也因為相關制裁讓供應鏈面臨更多不確定因素，都會導致重複下單，但實際產能其實大於真正市場需求，大建產能並不能解決問題。」

生產重心趨勢分析

22 世紀の
宏觀新世界

不思議の I
從 META
看「元宇宙」

不思議の II
「人工智能」
超越人類

不思議の III
「芯片」猶如
數碼石油

不思議の IV
疫情推動
「無人經濟」

不思議の V
全球減碳
與「電動車」
發展

不思議の VI
「氫能」革命
蓄勢待發

不思議の VII
「網絡安全」
保衛戰

22 世紀の
生活型態

5 大產業
趨勢探討

　　現時台灣半導體產能約佔全球半導體市場的四分之一，當地的晶圓代工、封裝測試產值全球第一，IC 設計全球第二，但自台灣疫情爆發後，全球芯片生產的重心已經出現轉移。而決心「清零」、疫情控制整體較為理想的中國，無疑成了最佳之地，國產芯片企業因而受益不少。

　　IT 諮詢公司 Gartner 預計，到 2023 年，資本對中國芯片企業的投資規模將較 2020 年規模增長 80％；到 2025 年，按收入計算，中國半導體廠商佔中國半導體市場份額會較 2020 年水平翻倍，從 15％ 增至 30％。不過，要支撐新一代芯片技術的新材料製造，需要整個芯片供應鏈的支持，當中包括光刻機在內的先進設備和生產工具，所以中國要邁向實現高端芯片的技術掌握與製造，仍需要給產業和人才發展的時間。

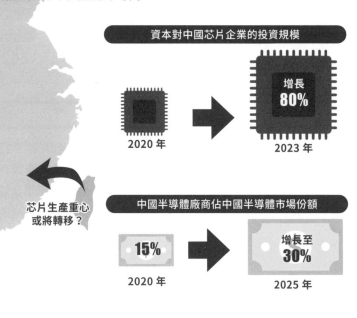

資本對中國芯片企業的投資規模

2020 年　→　增長 **80%**　2023 年

芯片生產重心或將轉移？

中國半導體廠商佔中國半導體市場份額

15% 2020 年　→　增長至 **30%** 2025 年

手機失芯跌產量？

2021 下半年，多國新冠疫情隨著變種病毒出現而更為難控，各地人民在政策下留家抗疫，抑制了消費支出，由此也影響了新手機的出產量，2021 年上半年全球共推出約 310 款手機，較 2020 年同期的 370 款減少 18%。

全球共推出約 **370** 款手機

減少 18%

全球共推出約 **310** 款手機

2020 年　　　　**2021 年**

缺芯致減產

Counterpoint Research 指出，現時手機製造商除了在採購各種半導體，例如 4G 和 5G 芯片組件等有難度外，就連電源管理芯片、顯示驅動器、應用處理器都開始面臨困難。即使是全球最大智能手機製造商三星（Samsung），亦正遭遇關鍵組件採購問題，導致出貨量大減 20%，Google 也限制 Pixel 5a 5G 手機只能在美國和日本出售。

減產致漲價

22 世紀の
宏觀新世界

不思議の I

從 META
看「元宇宙」

不思議の II

「人工智能」
超越人類

不思議の III

「芯片」猶如
數碼石油

不思議の IV

疫情推動
「無人經濟」

不思議の V

全球減碳
與「電動車」
發展

不思議の VI

「氫能」革命
蓄勢待發

不思議の VII

「網絡安全」
保衛戰

22 世紀の
生活型態

5 大產業
趨勢探討

隨著芯片這類手機零部件提價，手機製造商亦提高出售價格，將成本轉嫁給消費者，數據顯示全球手機在 2021 年平均批發價上漲 5%，漲幅大於近年來的不足 2%。

不過，芯片荒對不同企業者的衝擊並非完全一致，大多下游的龍頭企業所受的影響都不大。例如 Apple 對供應鏈擁有甚大的影響力，至今仍沒遇到甚麼明顯的大麻煩，而三星在多數高階設備（例如電腦、智能電視等）的生產亦沒有遇上太大困境，強者愈強的格局似乎在疫情下又再度加深。

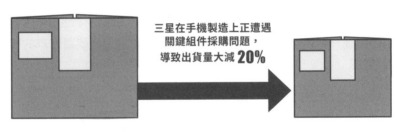

三星在手機製造上正遭遇
關鍵組件採購問題，
導致出貨量大減 **20%**

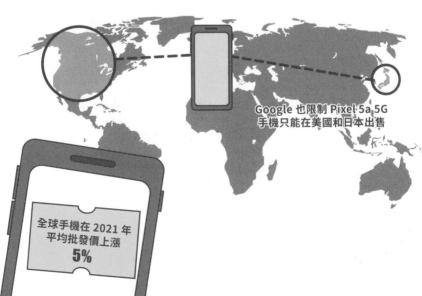

Google 也限制 Pixel 5a 5G
手機只能在美國和日本出售

全球手機在 2021 年
平均批發價上漲
5%

車商如何應變無「芯」之失？

失芯致減產或停產

芯片短缺近年一直困擾著眾多汽車製造商，使一些車款不但減產，甚至停產。福特汽車 (Ford) 在 2022 年初便作出決定，開售旗下沒有安裝後排座位冷氣及加熱控制芯片的 Explorer SUV，但承諾將在一年內向經銷商運送缺失的芯片，並向已經購買汽車的客戶裝回芯片。

缺芯致減價促銷

其實福特早在 2021 年便已計劃先運送未安裝好全部芯片的汽車到經銷商，但當時這些汽車尚未被允許駕駛，而這些未完成安裝芯片的車輛，現已可銷售並被允許駕駛了。

對於缺失了部分芯片的 Explorer SUV，車主仍可控制前排座位上的暖氣和冷氣系統。福特表示，這批汽車以優惠價發售，是為了讓客戶可盡早體驗到駕駛 Explorer SUV 的樂趣。

變陣推出減芯車款

除了福特之外，2021 年也有其他車商推出「減芯」汽車，例如通用汽車（GM）的一些新車款已放棄了無線充電及高清收音機系統；Tesla 也銷售部分沒有 USB 插口的電動車；寶馬（BMW）也推出一些沒有輕觸式屏幕的汽車。

22 世紀の
宏觀新世界

不思議のI
從 META
看「元宇宙」

不思議のII
「人工智能」
超越人類

不思議のIII
「芯片」猶如
數碼石油

不思議のIV
疫情推動
「無人經濟」

不思議のV
全球減碳
與「電動車」
發展

不思議のVI
「氫能」革命
蓄勢待發

不思議のVII
「網絡安全」
保衛戰

22 世紀の
生活型態

5 大產業
趨勢探討

Intel 雄「芯」勃勃 擬奪一哥地位？

憑著芯片性能高於同業的優勢，台積電和三星近年已為超微（AMD）、Nvidia 等生產芯片，進一步擴大其市場影響力。而為追趕前兩者腳步，英特爾（Intel）最近的發展動作尤為積極，先後宣布為高通和亞馬遜（Amazon）生產芯片，並公布擴大新晶圓代工事業的製訂藍圖，名為「IDM 2.0」計劃。

Intel IDM 2.0 計劃

Intel IDM 2.0 計劃的三大方針，包括：

1. 利用自家工廠網絡完成多數產品生產，也為減低成本而擴大採用第三方代工產能之策略；

2. 打造全球頂尖晶圓代工服務，專門設立與客戶訂製化需求的部門，並聲稱 7 納米製程將採用 EUV 技術；

3. 將投入 200 億美元在美國亞利桑那州興建兩座晶圓代工廠。

Intel 計劃在未來 4 年推出五個新世代晶片製程技術，宣布將原本的 10 納米 Enhanced SuperFin 正名為 Intel 7，原先的 7 納米正名為 Intel 4，之後分別為 Intel 3、Intel 20A、Intel 18A 等。

一直以來，Intel 都堅持以「納米」為基礎的製程節點命名方式，但為了於讓客戶更清楚瞭解 Intel 的產品優勢，這次終於決定與業界達成一致性，採用目前的數字製程命名方式，給予客戶更精確的認知，改名目的明顯是衝著台積電等巨頭而來。

Intel 躊躇滿志，但還需面對計劃實際執行時的種種難題，例如：晶圓代工部門與設計部門的整合，與客戶合作的緊密程度，以及給第三方的代工訂單能否有辦法補足其在成熟製程上的不足？又如何控制在歐美生產的高額成本？

擴建工廠增產能

面對疫情所造成的勞動力不足、航運延誤，以致持續惡化全球芯片的短缺，Intel 遂在 2022 年初公布，在俄亥俄州建設兩個尖端芯片工廠，初步投資金額涉及逾 200 億美元。

可以預計，這項投資將有助 Intel 提高產量，以滿足市場對先進半導體的持續增長需求，同時又為 Intel 新一代的創新產品提供動力。

而為支援新工廠的發展，Intel 也承諾與教育機構合作，並提供 1 億美元的資

22 世紀の
宏觀新世界

不思議の I
從 META
看「元宇宙」

不思議の II
「人工智能」
超越人類

不思議の III
「芯片」猶如
數碼石油

不思議の IV
疫情推動
「無人經濟」

不思議の V
全球減碳
與「電動車」
發展

不思議の VI
「氫能」革命
蓄勢待發

不思議の VII
「網絡安全」
保衛戰

22 世紀の
生活型態

5 大產業
趨勢探討

金，以建立培育人才的管道，並加強研究計劃。Intel 首席執行官 Pat Gelsinger 表示：「這項計劃標誌著 Intel 正恢復美國半導體製造業的領導地位。」

這項投資將有助 Intel 建立一個更有彈性的供應鏈，確保在未來幾年內能可靠地獲得先進的半導體。Pat Gelsinger 強調，Intel 正在將領先的能力和產能帶回美國，以加強其在全球半導體行業的主導性。

研發新加密貨幣芯片

此外，Intel 也積極投資到區塊鏈的範疇上。芯片除了是區塊鏈及 5G 的核心技術外，在開採加密貨幣方面都相當重要，於是 Intel 也推出一款旨在挖掘加密貨幣的新芯片，並計劃大規模開發最節能的運算技術。

Intel 表示，於 2022 年推出旗下第一個專注於開採加密貨幣的芯片，名為「區塊鏈加速器」(Blockchain Accelerator)。目前已有兩家公司預購這項技術，包括比特幣挖礦公司 GRIID Infrastructures 和 Jack Dorsey 旗下的金融科技公司 Block。

Intel 高級副總裁 Raja Koduri 提到，區塊鏈加速器的每瓦特（watt）性能表現，比基於 SHA-256 的主流 GPU 要好 1,000 倍以上（SHA-256 是用於生成比特幣和其他加密貨幣的散列算法）。

開採加密貨幣對環境造成的影響已成為舉足輕重的國際話題，渴求電力的挖礦機通常會從煤炭和天然氣工廠獲得能源，但這可能會破壞環境，也可能導致高電價和停電。美國的立法者甚至在國會上提出，要求比特幣公司披露消耗了多少能源，而 Intel 的新芯片正是解決這個問題的重要嘗試。

22 世紀の
宏觀新世界

不思議のI
從 META
看「元宇宙」

不思議のII
「人工智能」
超越人類

不思議のIII
「芯片」猶如
數碼石油

不思議のIV
疫情推動
「無人經濟」

不思議のV
全球減碳
與「電動車」
發展

不思議のVI
「氫能」革命
蓄勢待發

不思議のVII
「網絡安全」
保衛戰

22 世紀の
生活型態

5 大產業
趨勢探討

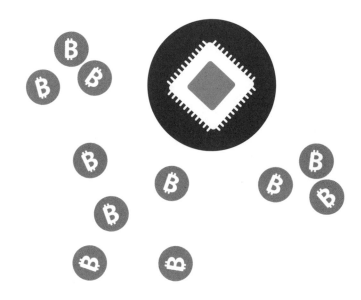

AI 芯片進化技術搶灘戰？

三星「內存內計算」芯片

　　如果能夠將「內存」（Memory）和「數據計算」（Data computing）兩項技術合二為一，就有望為人工智能的發展帶來飛躍進步。

　　三星在 2022 年初便宣布，已研發出世界上首款 MRAM（Magnetoresistive Random Access Memory）「內存內計算」（In-Memory Computing）芯片，為開拓低功耗 AI 芯片技術踏出重要一步。

　　三星表示，內存芯片通常用於存儲數據，而數據計算則在獨立的處理器芯片中執行，內存內計算芯片算是一種在內存網絡中執行這兩項任務的技術。

22 世紀の
宏觀新世界

不思議の I
從 META
看「元宇宙」

不思議の II
「人工智能」
超越人類

不思議の III
「芯片」猶如
數碼石油

不思議の IV
疫情推動
「無人經濟」

不思議の V
全球減碳
與「電動車」
發展

不思議の VI
「氫能」革命
蓄勢待發

不思議の VII
「網絡安全」
保衛戰

22 世紀の
生活型態

5 大產業
趨勢探討

　　內存內計算芯片可以處理存儲在內存網絡本身的大量數據，這意味數據不需要被移動，而且是以並行的方式處理，從而使傳輸速度更快，耗電量也能大大降低。

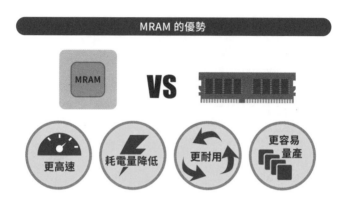

　　相比起 RRAM（電阻隨機存儲器）、PRAM（相變隨機存儲器）等存儲器，MRAM 具有更高速、更耐用、更容易量產的優點，但由於過往在標準的內存內計算架構會出現電阻方面的問題，使芯片無法發揮低功耗的優勢，所以遲遲沒有正式公布，而目前三星研究團隊則指出已成功解決功耗問題，開發出一種新型 MRAM 陣列，通過新型電阻和計算架構，成功降低功耗。該芯片其後進行了各項 AI 運算性能測試，表現都非常出色，例如三星在報告中指出，該技術在識別筆跡數字上達到 98% 的準確率，人臉識別方面也達到 93% 的準確率。

Intel 推出 Gaudy 2 挑戰 Nvidia 市場地位

　　在 AI 運算技術方面，一直以來，多數研究人員和企業都習慣使用 Nvidia 旗下的 AI 軟件平台 CUDA，不過 Intel 已推出了用於 AI 運算的新型芯片 Gaudy 2，此舉有望從 Nvidia 手中爭奪 AI 市場份額。

Gaudy 2 是由 Habana Labs 設計的第二代 AI 芯片，而 Habana Labs 是一間以色列 AI 芯片初創企業，2019 年 Intel 以 20 億美元將之收購。

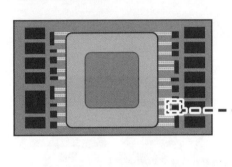

上一代採用
16 納米晶體管

Gaudy 2 採用
7 納米晶體管

Habana Labs 商務總監 Eaton Medina 認為，CUDA 絕非 Nvidia 屹立不倒的護城河。他指出，Intel 的軟件平台採用開放標準，可以從軟件開發網站 GitHub 免費下載和使用，這對 AI 研究人員和企業提供一定的吸引力。

通常情況下，晶體管的尺寸愈小，芯片的速度和功能愈強。Eaton Medina 表示，有別於上一代 AI 芯片採用 16 納米晶體管，Gaudy 2 是由 7 納米晶體管技術製造，因此運算速度是上一代 AI 芯片的兩倍。

Intel 數據中心和 AI 負責人 Sandra Rivera 指出，AI 芯片市場在未來 5 年將增長約 25%，達到約 500 億美元，她表示，Intel 將透過擴張、對其他公司收購，在軟件技術方面進行更積極的投資和發展。

世界級科企組成芯片聯盟？

22 世紀の
宏觀新世界

不思議のI
從 META
看「元宇宙」

不思議のII
「人工智能」
超越人類

不思議のIII
「芯片」猶如
數碼石油

不思議のIV
疫情推動
「無人經濟」

不思議のV
全球減碳
與「電動車」
發展

不思議のVI
「氫能」革命
蓄勢待發

不思議のVII
「網絡安全」
保衛戰

22 世紀の
生活型態

5 大產業
趨勢探討

建立芯片生態系統的統一標準

各國科技產業巨企近年都積極開發及更新芯片技術，尤其針對小芯片（Chiplet）作重點研發，以提升效能並減低成本。

各企業各自投入開發及搶灘的同時，2022年3月，AMD、ARM、Google Cloud、Intel、Meta、ASE、微軟、高通、三星、台積電十間科技巨企聯合宣布組成聯盟，以建立一個「通用小芯片互連快遞」（Universal Chiplet Interconnect Express, UCIe）標準。

聯盟促進系統集成與連接

小芯片是把不同功能的芯片封裝在一塊印刷電路板（PCB）之上，繼而提高系統的集成度，目標是通過在 IC 封裝中集成預先開發的芯片，來減少產品開發時間和成本。

該聯盟已批准了 UCIe 1.0 規範，並表示 UCIe 標準是一個開放的小芯片互連協議，旨在協助硬件、軟件和合規性測試之間的「芯片到芯片」連接。該聯盟還提到，希望藉此使客戶能夠混合和匹配來自不同供應商的芯片組件，以滿足客戶對訂製封裝的要求。

AMD 執行副總裁兼技術總監 Mark Papermaster 表示，UCIe 標準將成為推動系統創新的關鍵因素，利用異構計算引擎和加速器，實現性能、成本和功率效率的最佳解決方案，並迎來更多廠商加入芯片生態系統。

合乎 UCIe 1.0 規範能夠混合和匹配不同供應商的芯片組件

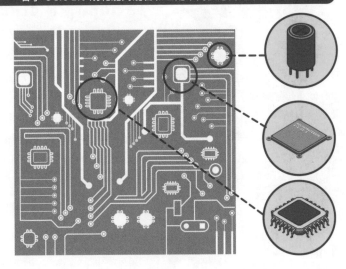

人芯結合之研發與應用上的道德思考？

隨著各大科技企業積極開發更高性能的芯片，可預視其應用終會由機械延伸至動物，甚至人體身上。然而，要將機械與生物順利結合，恐怕要先解決一些道德爭議。

就以 Tesla 創辦人馬斯克 (Elon Musk) 旗下的大腦晶片公司 Neuralink 為例，該公司被動物福利組織指控虐待動物，起源是一頭被用作實驗研究的猴子，其死因乃與黏著劑滲入大腦致使受細菌感染有關。

Neuralink 的動物實驗室以猴子為主要研究對象，其中一個實驗是從猴子大腦左右兩側植入 Neuralink 的電極裝置，以了解更多「人機介面」(Brain-computer Interface, BCI) 的研究，從而進一步掌握如何克服人類癲癇和神經系統方面的疾病。

不過，基於這種實驗研究導致猴子痛苦並死亡，被認為屬於虐待行為，應受到法律的監管。

雖說科技以人為本，但代價若是動物受苦、甚至付上生命，道德上的爭議勢將引發更大的社會討論與反思。

IV

疫情推動「無人經濟」

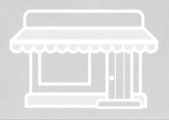

「無人經濟」發展成勢？

疫情改變工作模式

新冠疫情為人類帶來的最大改變，除公共衛生意識的提高外，就是改寫了我們的生活習慣。即使已戴上口罩，人們亦習慣了和旁人保持一定社交距離；為減少人與人之間接觸，減低病毒傳播風險，安排員工在家工作成為不少企業的新常態，只要利用視像軟件（如 Zoom）就可進行遙距會議，真人面對面形式的會談已不是工作必然的一環。當愈來愈多國家開始提倡「與病毒共存」，「遙距社交」成為長期趨勢，也將人類社區加速邁向「無人經濟」的狀態。

人工智能取代人力資源

無人零售、無人酒店、無人物流、無人駕駛等，都是無人經濟之中各個重點領域。

現時不少國家（如中國、美國和日本）都在增加機械人的應用範疇，以取代人類工作。尤其機械人不受生物病毒感染所影響，正好紓緩疫情帶來的人力短缺問題。

方舟投資（ARK Invest）創辦人、有「科技女股神」之稱的伍德（Cathie Wood）便認為，疫情令工資不斷上漲，企業未來將更積極採用人工智能以取代人力資源，現時美國運輸業與餐飲業已加快導入無人技術，預計發展將不會逆轉，更會是長期趨勢。

交易買賣自助操作

無人經濟就是去中介化的買賣模式，讓人們實現交易上的自助式操作，減少中間勞動輸出，從中降低營運成本，並提高成交效率，當中以無人零售為大眾最常接觸的範疇。

根據中國連鎖經營協會的調研數據，一般便利店費用支出中，員工薪酬所佔的比重超過一半；第二大費用支出則是舖租。無人零售店不但能省卻部分員工成本，由於所佔面積較少，某程度上亦節省了一些舖租開支。

一般便利店費用支出

第一大費用支出：
員工薪酬

第二大費用支出：
舖租

24
HR

22 世紀の
宏觀新世界

不思議のI
從 META
看「元宇宙」

不思議のII
「人工智能」
超越人類

不思議のIII
「芯片」猶如
數碼石油

不思議のIV
疫情推動
「無人經濟」

不思議のV
全球減碳
與「電動車」
發展

不思議のVI
「氫能」革命
蓄勢待發

不思議のVII
「網絡安全」
保衛戰

22 世紀の
生活型態

5 大產業
趨勢探討

世上首個自動販賣業務

　　史上第一個具有無人零售概念的機器，就是「自動販賣機」。自動販賣機的面世，便是來自無人零售的概念，毋須有真人在場，就能完成與顧客的貨物交易。

　　世上最早出現的自動販賣業務，相傳是在公元 1 世紀，由古希臘數學家希羅（Heron of Alexandria）發明的自動出售聖水裝置。現存最古老的自動販賣機，是由日本人俵谷高七於 1904 年發明的自動郵票、明信片販賣機；美國則在 1925 研製出香煙自動販賣機。

　　隨著近年科技進步神速，無人零售的模式和覆蓋產品更顯多元化，無人商店、無人貨架和無人超市等，應用了不少智能技術，例如機器視覺技術、AI、物聯網（IoT）、大數據及無線射頻（RFID）等，進一步實現無人值守的新零售服務。

　　除零售方的技術配合外，近年移動支付的盛行，亦大大推動無現金支付的普及化，為無人零售發展迎來強大助力。

「無人商店」
如雨後春筍？

自動識別結算

2018 年，美國電商巨頭亞馬遜（Amazon）在西雅圖市中心推出全球第一間無人商店「Amazon Go」，以「Just Walk Out」（「即買即走」）為主題，顧客不用排隊等待結賬是最大賣點。人們進入商店前，只要打開手機上的「Amazon Go App」，對著閘門輕掃 QR 碼，然後就可以進內選購貨品，離開時站在出口閘門前，大門就會自動開啟，你毋須刷卡，就可拿著商品離去，與此同時，商店透過裝置感應顧客離開店時所攜帶的貨品，自動作出結算，並從其手機賬戶事先綁定的信用卡扣款。

無人商店 Amazon Go 選購過程

1 入店前打開手機上的 Amazon Go App 對著閘門輕掃 QR 碼

2 在店內選購貨品

3 商店的裝置會感應顧客離開店時帶著的貨品，自動結算，從其手機賬戶事先綁定的信用卡扣款

Amazon Go 店內可供辨識的販售商品超過 1,600 項，包括零食、冷飲、熟食和酒類飲品等。店內安置超過 50 部攝錄機，透過影像辨識系統，自動辨別商品、分析消費者動作及其在店內移動的路徑，判斷顧客拿取了甚麼商品，有效杜絕小偷「順手牽羊」的情況。

無人店內安置超過 **50** 部攝錄機，有效杜絕小偷

無人操作系統

目前亞馬遜已在美國開設 12 間 Amazon Go，同時全美地區的「Amazon Fresh」（生鮮超市）也計劃採用無人商店技術，藉此加快結賬效率。在疫情嚴峻之中，2022 年年 3 月，Amazon 就趁勢把 Amazon Go 所用的「Just Walk Out」技術變成一套科技開店方案，賣給其他零售業行家，此舉勢將進一步使無人商店的應用普及化，例如擴展至機場、電影院及球場等的營業操作上。

Amazon Go 的成功也吸引了各地廠家爭相模仿推出無人商店，例如 7-11 旗下的「X-Store」、阿里巴巴旗下的「盒馬鮮生」和「淘咖啡」等。

實體店操作轉型

雖然疫情令網購消費大行其道，削弱了實體店的重要性，但根據全球市場研調公司歐睿國際（Euromonitor International）指出，到了 2025 年仍然會有 76% 商品會在實體店販售，說明實體店的地位仍難被完全取代。始終消費者只有透過實體店才可直接看到和觸摸到產品。而針對此情況，無人實體店既可保留這項特點，同時又可帶來成本下降和高效營運的優勢。

仍然存在
76% 商品實體店

2025 年

在中國，為推動無人店於全國普及，商務部於 2021 年 8 月便發出《步行街高質量發展工作指引（徵求意見稿）》，冀利用現代信息技術，發展無人便利店、無人餐廳、快閃店、3D 試衣間等零售業務，更方便市民和遊客消費，實現 24 小時自助無接觸式便利化購物體驗。

同時，也鼓勵步行街聯動街區的主要商戶在依法合規前提下，採集客流和消費數據，結合人工智能算法及大數據分析，對街區消費特點和結構進行整體研究，以預測消費和客流變化趨勢，這將有助街區作出更有效的營商管理。

22 世紀の
宏觀新世界

不思議の I
從 META
看「元宇宙」

不思議の II
「人工智能」
超越人類

不思議の III
「芯片」猶如
數碼石油

不思議の IV
疫情推動
「無人經濟」

不思議の V
全球減碳
與「電動車」
發展

不思議の VI
「氫能」革命
蓄勢待發

不思議の VII
「網絡安全」
保衛戰

22 世紀の
生活型態

5 大產業
趨勢探討

「無人物流」應用普及？

在無人經濟趨勢之中，無人倉儲和無人物流的發展相當顯著，當中涉及大量結合感測器、AI 和電腦視覺技術的自主移動機械人（Autonomous Mobile Robot, AMR）和無人搬運車（Automation Guided Vehicle, AGV）的應用。

早在疫情爆發前，已有不少企業將這些技術應用於物流、倉儲，以及各類工業操作的流程上，調研機構 Interactive Analysis 報告指出，2021 年無人搬運車市場規模成長 11%；自主移動機械人為 45%；而整個機械人產業增加 24%。

2021 年無人技術物流應用統計

無人搬運車市場規模
增加 11%

自主移動機械人
增加 45%

整個機械人產業
增加 24%

省力倉存服務

　　無人倉儲是利用各種自動化設備實現物品的進出庫、存儲、分揀、包裝等無人化操作。近年各大電商企業，如亞馬遜、京東、阿里巴巴等，都在實行無人倉儲的作業流程。

　　以京東首個全流程無人倉庫「亞洲一號」為例，該倉庫於 2017 年 10 月建成，建築面積達 40,000 平方米，物流中心主體由收貨、存儲、包裝、訂單揀選四個作業系統組成，能進行全流程無人作業，每日包裹處理量可達 20 萬個。

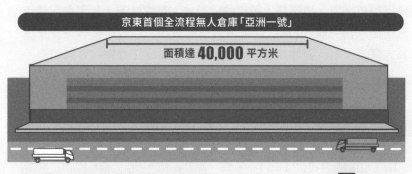

京東首個全流程無人倉庫「亞洲一號」

面積達 **40,000** 平方米

快速配送服務

　　無人物流的系統，借助物聯網、AI 和大數據等技術，讓貨物從倉儲、運輸、配送到客戶手上，全程採用無人操作，提高了作業效率的同時，也降低了營運成本。

　　疫情期間，電商及物流配送需求激增，更加快了世界各地無人運輸科技的發展，例如自動駕駛汽車送貨服務、無人駕駛貨車、無人機等服務都更趨盛行。

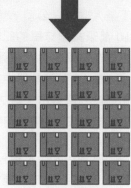

每日包裹處理量
可達 **20** 萬個

22 世紀の
宏觀新世界

不思議の I
從 META
看「元宇宙」

不思議の II
「人工智能」
超越人類

不思議の III
「芯片」猶如
數碼石油

不思議の IV
疫情推動
「無人經濟」

不思議の V
全球減碳
與「電動車」
發展

不思議の VI
「氫能」革命
蓄勢待發

不思議の VII
「網絡安全」
保衛戰

22 世紀の
生活型態

5 大產業
趨勢探討

學校送餐機械人

2020 年加州自駕機械人公司 Starship Technologies 的「送餐機械人」進駐了俄亥俄州立大學 (The Ohio State University)，教職員與學生可透過 App 向校內餐廳餐點，然

(網上圖片)

後於指定地點取餐。送餐機械人配備 AI、雷達、超音波感測器及全球定位系統 (Global Positioning System, GPS)，內建電腦視覺與神經網路，能辨認人行道的障礙物、掌握路況，並可在夜間行駛，至今已完成 50 萬次以上自主遞送服務。該公司目標是建立機械人網絡，隨時隨地為全市民眾服務，甚至運送食物以外的包裹。

貨品派送至郊區地方

Google 的子公司字母控股 (Alphabet) 在 2021 年宣布旗下無人機派送公司 Wing 已達到 10 萬筆累積訂單的記錄。Wing 主要在美國、澳洲和芬蘭三國經

(網上圖片)

營，在 10 萬筆訂單中有一半都是來自澳洲洛根市 (Logan)。洛根市屬於郊區城市，自 2019 年 Wing 在這裡放飛第一架無人機後，洛根市的天空就不再平凡，每天都會上演過百次無人機穿梭。

由 Wing 無人機所運送的物品，都是食物相關，據統計，2021 年在洛根市共運送了 1 萬杯咖啡、1,700 包零食和 1,200 隻烤雞。訂單平均運送時間 10 分鐘，最快為 2 分 47 秒。這亦反映在人煙稀疏的郊區地方，利用無人機運送小型貨物是非常便捷的方法，可預視這在未來將成一大趨勢。

Uber Eat 送餐

美國矽谷科技公司 Uber 2022 年中開始以加州兩個城市聖莫尼卡（Santa Monica）和西荷里活（West Hollywood）為試點，推出 Uber Eats 自動駕駛車輛送餐服務及行人道機械人（Sidewalk Robots）送餐服務。

Uber Eats 的自動駕駛車輛送餐服務是與現代汽車（Hyundai）和 Aptiv PLC 的自動駕駛合資公司 Motional 合作進行；至於行人道機械人送餐服務則由自動駕駛汽車公司 Serve Robotics 提供，該公司是 Uber 在 2020 年收購的快遞公司 Postmates 的子公司。

（網上圖片）

Walmart 百貨速送

美國零售商沃爾瑪（Walmart）近兩年來都在當地部分地區測試無人機送貨服務計劃，到 2022 年底或之前，無人機送貨網絡會增加至 34 個站點，遍及亞利桑那州、阿肯色州、佛羅里達州、德克薩斯州、猶他州和弗吉尼亞州等地區，為 400 萬個家庭服務。

Walmart 表示，用戶只需支付 4 美元的運費，就可以訂購多達 10 磅的雜貨和家庭用品，而且最快可在下訂後 30 分鐘內收到包裹。

（網上圖片）

全球機械人產業都在增長？

國家排名

　　疫情催化了無人機械產業在各個領域的發展，填補了勞動力的缺口。新加坡機械人製造商賽思托（SESTO Robotics）曾指出，2020 年全球的服務機械人市場規模達到 141 億美元，至 2027 年會增長 3 倍以上，達到 509 億美元。

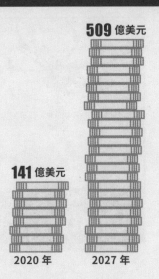

機械人製造商賽思托指出服務機械人市場規模至 2027 年將增長 3 倍以上

509 億美元

141 億美元

2020 年　　　　2027 年

　　除服務機械人外，工業機械人的使用密度也不斷提高，成為智能工廠建設的重要組成部分。以工業機械人為核心的智能製造系統，能有效提高製造業生產效率、降低生產成本和能源消耗。

2019 年，全球製造業機械人密度平均為每萬人 113 台，前五位國家分別為：新加坡 918 台、韓國 855 台、日本 364 台、德國 346 台、瑞典 277 台。中國則由 2016 年的每萬人 71 台增至 2019 年的每萬人 187 台。受疫情影響，2020 年全球工業機械人銷量同比下降 2%，但中國市場則增長 19%。

在 2021 年的世界機械人大會領航峰會上，工信部副部長辛國斌曾提到，中國連續 8 年保持了全球最大和增速最快的工業機械人市場，市佔從 2018 年的 25% 到 2019 年的 33%，再到 2020 年的 44%，在全球市場中的實際規模持續擴大，成為全球無人經濟發展的強大引擎。

2019 年全球製造業機械人密度前五位國家

新加坡 **918** 台

韓國 **855** 台

日本 **364** 台

德國 **346** 台

瑞典 **277** 台

中國於全球工業機械人市場的市佔規模

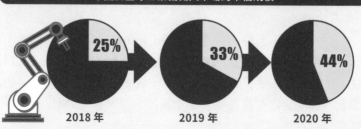

25%　　2018 年

33%　　2019 年

44%　　2020 年

行業應用

目前中國的工業機械人已在近百類行業中廣泛應用，包括：航天、航空、造船、汽車、發動機等多個高端製造行業；服務機械人、特種機械人等也已應用於醫療手術、教育服務、安防巡檢、災後救援等範疇。

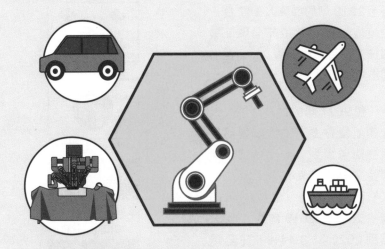

工業和信息化部已牽頭制訂出《「十四五」機械人產業發展規劃》，以加快推動機械人產業高質量發展。中南財經政法大學數位經濟研究院執行院長盤和林亦指出，多元化、科技化和時尚化，是未來服務業的發展趨勢，無人經濟能有助滿足消費者的個性化需求，還可提升效率、降低成本，有廣闊的發展前景。

正如人類歷史上每一次的產業和技術革命，無人經濟勢必淘汰某些舊工種，亦會伴隨著新職能的誕生。無人經濟以機械人取代人類執行一些具危險性、勞動力高及單一重複性質的工作，同時也讓人學習操作和管理智能設備，期望未來人與機械之間能夠達到「互利雙贏」。

V

全球減碳與「電動車」發展

電動車發展關乎 人類存亡？

　　英國石油公司 (BP) 發布的《世界能源統計年鑑 (第 70 版)》指出，2013 年以來，全球碳排放量持續增長，2019 年全球碳排放量達 343.6 億噸，創歷史新高。來到 2020 年，全球受新冠肺炎影響，人類活動大減，工業和交通等污染量因而下跌，世界各地碳排放量普遍減少，全球碳排放量下降至 322.8 億噸，按年下降 6.3%。

全球碳排放量狀況

343.6 億噸

322.8 億噸

2013 年　　　　　　　2019 年　　　　　　2020 年

　　現時大部分人類經濟活動都是採用化石能源，而這正是近二百多年來碳排放量持續上升的元凶，要徹底解決這痛點，從本質上改變我們的生活習慣，改以清潔能源作為主流能源是最到位的方法。近年大部分國家都已為減碳作出協定，並逐步推出以電動車取代燃油車的方案。

美國歷史碳排放量最多

早於 2015 年 12 月，聯合國 195 個成員國已簽訂《巴黎協定》，以協議一同努力控制地球氣溫的上升幅度，包括「與工業化前的水平相比，全球將致力限制升溫小於攝氏 2 ℃，最好在 1.5 ℃ 以內」。要實現這個目標，各國近年都在政策上作出配合，以盡快達到全球溫室氣體排放量的「峰值」（即達到二氧化碳排放量的最大值），以盡早實現「碳中和」。

限制升溫在 **1.5 ℃** 以內

經濟合作與發展組織（OECD）的統計數據顯示，1990 年、2000 年、2010 年和 2020 年碳排放達峰的國家數量分別為 18、31、50 和 54 個。截至 2020 年，排名前十五位的碳排放國家中，美國、俄羅斯、日本、巴西、印度尼西亞、德國、加拿大、韓國、英國和法國已經實現碳排放達峰。

碳排放達峰國家的數量

18 個
1990 年

31 個
2000 年

50 個
2010 年

54 個
2020 年

中國目前是全球最大碳排放國，但從累計數字來看，西方國家自 1751 年工業革命起就持續排放，美國碳排放量約 4,000 億噸，佔歷史排放量 25%，居世界首位；歐盟 28 國佔 22%，中國佔 13%。由此看來，歐美國家在碳排放量所分擔的責任同樣也是責無旁貸。

22 世紀の
宏觀新世界

不思議のI
從 META
看「元宇宙」

不思議のII
「人工智能」
超越人類

不思議のIII
「芯片」猶如
數碼石油

不思議のIV
疫情推動
「無人經濟」

不思議のV
全球減碳
與「電動車」
發展

不思議のVI
「氫能」革命
蓄勢待發

不思議のVII
「網絡安全」
保衛戰

22 世紀の
生活型態

5 大產業
趨勢探討

電動車發展涉及地緣政治？

要縮減碳排放，最直接的方法是將能源使用端由碳排放改成電氣化，改變現時全球燃油汽車仍是主流交通工具的局面，而這都是近年各國幾近達成共識的大方向。

大部分國家已陸續訂出禁售燃油車時限，例如，英國、德國、加拿大、日本、韓國的禁售年限訂為 2035 年。電動車指標市場的北歐，例如愛爾蘭、冰島、丹麥、瑞典等都已宣布在 2030 年禁售燃油車。挪威、荷蘭則在 2025 年禁售。中美洲的哥斯達黎加亦已於 2021 年開始全面禁售燃油車。

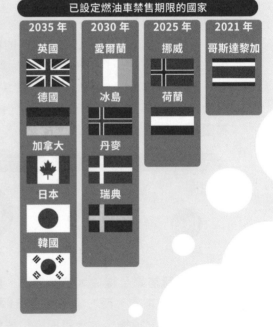

已設定燃油車禁售期限的國家

2035 年	2030 年	2025 年	2021 年
英國	愛爾蘭	挪威	哥斯達黎加
德國	冰島	荷蘭	
加拿大	丹麥		
日本	瑞典		
韓國			

雖然美國尚未提出明確禁售燃油車的時限，但就在 2021 年 8 月，總統拜登（Joe Biden）簽署了一項行政命令，表示 2030 年前美國電動車總銷量將佔 40％ 至 50％，包括電池電動車、燃料電池車及油電混合車，並設定新排放標準，規定小型車在 2030 年前要符合排放規定，而大型車則提早至 2027 年生效。

美國電動車
總銷量將佔
40％-50％

2027 年
大型車須於 2027 年或之前符合排放規定

2030 年
小型車在 2030 年或之前須符合排放規定

電動車發展與國力展示

這些國家都支持電動車發展，除了是出於國家責任，以及為國民帶來更健康的低碳生活環境外，更大誘因是為塑造自身的地緣政治能力。全球性的技術系統革新，往往會造成資源和國力的變化，繼而主導世界上的話語權。

現時化石能源是主流的經濟體系，部分石油出口國因而獲得了自身實力之上的地緣影響力。不過，當全球能源體系加速脫碳，改成清潔能源的話，石油的主導地位就會受到衝擊，石油出口國的話語權和影響力就會被其他國家稀釋，換個角度，非石油出口國受制於石油出口國的力度亦會大減，國家自身政策的自主性都會增加。

22 世紀の
宏觀新世界

不思議の I
從 META
看「元宇宙」

不思議の II
「人工智能」
超越人類

不思議の III
「芯片」猶如
數碼石油

不思議の IV
疫情推動
「無人經濟」

不思議の V
全球減碳
與「電動車」
發展

不思議の VI
「氫能」革命
蓄勢待發

不思議の VII
「網絡安全」
保衛戰

22 世紀の
生活型態

5 大產業
趨勢探討

電動車可令車廠商起死回生？

電動車產業本身也是一個充滿商機的寶藏。自 2018 年開始，全球汽車需求逐漸飽和，汽車銷售出現下滑，尤其在疫情、關稅戰及減廢要求下，成本的上漲亦令車廠商陷於困局。而近年電動車的崛起，正好是車廠商的救命稻草，如何捉緊這項關乎未來 10 年、20 年，甚至 30 年的汽車革命，去解決所面臨汽車市場萎縮的困境，正是讓汽車業起死回生的重要一仗。

各車廠積極轉型

根據彭博 (Bloomberg) 報告，預計 2025 年電動車與燃油車將達到「製造成本平價」，電動車將在 2030 年佔去 50% 全球汽車市場、2040 年更會拿下全部汽車市佔率。換言之，電動車代表的不僅是劃時代的產物，更是未來各國發展的大趨勢。

彭博預計電動車市佔率

佔 **50%**

2030 年

佔 **100%**

2040 年

在這宏大背景下，各大傳統車企已計劃好執行轉型的時間表，包括：奧迪 （Audi）已確定要在 2033 年前逐步淘汰燃油車，富豪（Volvo）和寶馬迷你（Mini）預計 2030 年轉型成純電動車品牌，福特（Ford）表態要在 2030 年完成歐洲非商用車的全面電動化，至於福斯（Volkswagen）則預計 2035 年先在歐洲市場開始停售燃油車。

22 世紀の
宏觀新世界

不思議の I
從 META
看「元宇宙」

不思議の II
「人工智能」
超越人類

不思議の III
「芯片」猶如
數碼石油

不思議の IV
疫情推動
「無人經濟」

不思議の V
全球減碳
與「電動車」
發展

不思議の VI
「氫能」革命
蓄勢待發

不思議の VII
「網絡安全」
保衛戰

22 世紀の
生活型態

5 大產業
趨勢探討

各大傳統車企轉型時間表

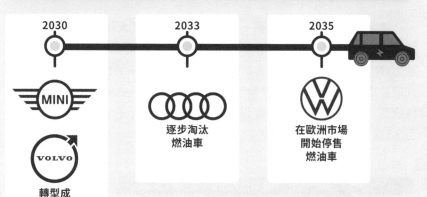

2030	2033	2035
MINI	逐步淘汰燃油車	在歐洲市場開始停售燃油車
VOLVO 轉型成純電動車品牌		
Ford 完成歐洲非商用車的全面電動化		

Deloitte 2020 年針對電動車市場的研究報告亦指，預計到 2030 年，全球電動車投資額將達 2.5 兆美元，產值達 1.3 兆美元，全球銷售量增加到 3,110 萬輛，換句話說，未來每 3 輛車中，就有 1 輛是電動車。

Deloitte 電動車市場研究報告

到 **2030** 年
全球電動車投資額
將達 **2.5** 兆美元

產值達
1.3 兆美元

每 **3** 輛車中，就有
1 輛是電動車

各國電動車發展概況？

　　傳統製車業「一哥」美國，能否在這個電動車大時代都能一馬當先呢？國際乾淨運輸委員會(ICCT)研究報告指出，2010年到2020年全球總共生產逾1,000萬輛電動車，而中國是2020年最大電動車生產國，佔全球累計產量比率達44%，10年內生產與銷售達到460萬輛，在國策背景大力支持下，預期這發展在未來5至15年會持續加速。

中國電動車發展概況

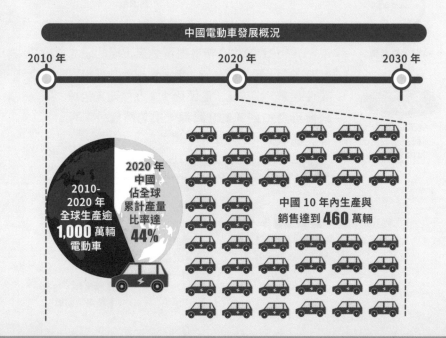

2010年　　　　　　　2020年　　　　　　　2030年

2010-2020年全球生產逾 **1,000** 萬輛電動車

2020年中國佔全球累計產量比率達 **44%**

中國10年內生產與銷售達到 **460** 萬輛

22 世紀の
宏觀新世界

不思議の I
從 META
看「元宇宙」

不思議の II
「人工智能」
超越人類

不思議の III
「芯片」猶如
數碼石油

不思議の IV
疫情推動
「無人經濟」

不思議の V
全球減碳
與「電動車」
發展

不思議の VI
「氫能」革命
蓄勢待發

不思議の VII
「網絡安全」
保衛戰

22 世紀の
生活型態

5 大產業
趨勢探討

2025 年中國新能源汽車產業發展目標

純電動乘用車
新車平均電耗降至
12.0 千瓦時 / 百公里

新能源汽車
佔汽車新車
銷售總量約
20%

中國國務院發布的《新能源汽車產業發展規劃（2021-2035 年）》已明確表明，要推動新能源汽車產業的高質量發展，加快建設成為汽車強國。當中更提出，「到 2025 年時，中國新能源汽車市場競爭力明顯增強，動力電池、驅動電機、車用操作系統等關鍵技術要取得重大突破，純電動乘用車新車平均電耗降至 12.0 千瓦時 / 百公里，新能源汽車新車銷售量達到汽車新車銷售總量約 20%，高度自動駕駛汽車實現限定區域和特定場景商業化應用，充換電服務便利性顯著提高。」

排名第二的歐洲，佔了過去 10 年總電動車產量的 25%，生產 260 萬輛，銷售 320 萬輛，為淨輸入市場。歐洲電動車市場能急速發展，歸因於近年歐洲各國透過推出電動車高額補貼和嚴苛的碳排放罰款，成功複製中國過去十多年走過的成功之路。即通過加大額補貼刺激消費者需求，促使車企擴大電動車生產，形成規模效應，從而降低電動車成本，最終逐步替代燃油車在市場的需求。

歐洲電動車發展

2010 年　　　　　　2020 年

2010-
2020 年
全球生產逾
1,000 萬輛
電動車

佔過去
10 年
總電動車產量
的 **25%**

至於傳統汽車大國美國，僅居第三，其於全球電動車產量佔比更從 2017 年的 20% 下降至 2020 年的 18%。若單以 2020 年全年計，全美電動車銷量更不到 35 萬輛，同期中國和歐洲分別是 124 萬輛和 136 萬輛，數量相差接近 100 萬輛，認真誇張。

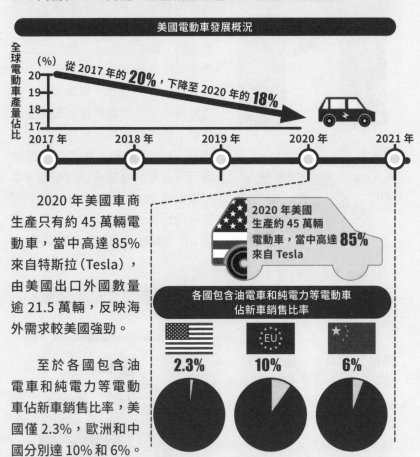

美國電動車發展概況

全球電動車產量佔比

(%)

從 2017 年的 **20%**，下降至 2020 年的 **18%**

20
19
18
17

2017 年　　2018 年　　2019 年　　2020 年　　2021 年

2020 年美國車商生產只有約 45 萬輛電動車，當中高達 85% 來自特斯拉（Tesla），由美國出口外國數量逾 21.5 萬輛，反映海外需求較美國強勁。

2020 年美國生產約 45 萬輛電動車，當中高達 **85%** 來自 Tesla

各國包含油電車和純電力等電動車佔新車銷售比率

2.3%　　　10%　　　6%

至於各國包含油電車和純電力等電動車佔新車銷售比率，美國僅 2.3%，歐洲和中國分別達 10% 和 6%。

美國的產量落後於中國和歐洲，很大原因是近年政策上的差異，歐洲與中國近年都積極推動內部需求與生產，而美國在特朗普執政期間，其刺激增產、投資與需求的政策力度相對都消退了。

充電站數量即將超越加油站？

22 世紀の
宏觀新世界

不思議の I
從 META
看「元宇宙」

不思議の II
「人工智能」
超越人類

不思議の III
「芯片」猶如
數碼石油

不思議の IV
疫情推動
「無人經濟」

不思議の V
全球減碳
與「電動車」
發展

不思議の VI
「氫能」革命
蓄勢待發

不思議の VII
「網絡安全」
保衛戰

22 世紀の
生活型態

5 大產業
趨勢探討

隨著電動車愈趨普及化，充電站亦成為不可或缺的設施。以美國為例，2021 年約有 10.8 萬個公共充電站，相比起現時約有 11.1 萬個加油站，意味幾乎每一個加油站附近都會有一個充電站。但對仍處於增長階段的電動車來說，現時充電站數量似乎還未足夠。

美國充電站現況

2021 年約有
10.8 萬個
公共充電站

目前在美國註冊的電動汽車共有 200 多萬輛。根據美國能源部（DOE）報告，電動車與充電站的理想比例是每 1,000 輛電動車，就有 40 個 2 級充電站和 3.4 個直流快速充電器（DCFC）。而目前情況則是，每 1,000 輛電動車有 41 個 2 級充電站和 5.7 個 DCFC 充電樁，即每一個充電站就會有 21 輛電動車。

電動車與充電站的理想比例

每 **1,000** 輛
電動車

40 個
2 級充電站

5.7 個
DCFC 充電樁

參考汽油車與加油站的比例，目前每個加油站就有 2,514 輛汽油車，但這個比例仍是理想的，因為內燃機汽車的續航力比電動汽車較高。

然而，電動汽車的續航能力正在迅速提升。據汽車保險比較網站《Jerry》資料，新型電動車如 Tesla Model S 在充滿電的情況下可行駛高達 650 公里，而梅賽德斯 - 平治（Mercedes-Benz）在消費電子展（CES2022）發布的全電動 Vision EQXX 概念車，每次充電更可行駛 1,042 公里。另外，美國新創電動車品牌 Lucid 的 Air 一次充電亦可行駛 800 多公里。

《Jerry》的研究也提到，預計到 2030 年將有 3,500 萬輛電動車行駛，意味著美國在未來 8 年內每天需要安裝約 478 個充電站，以建立必要的基礎設施來支援電動車發展。雖然 90% 以上電動車的車主可在家裡進行充電，但對於住在城市和公寓的居民，以及超出汽車電池範圍的長途旅行者來說，仍然需要更多的公共充電站。

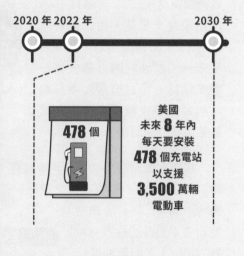

2020 年　2022 年　　　　　　　2030 年

478 個

美國
未來 **8** 年內
每天要安裝
478 個充電站
以支援
3,500 萬輛
電動車

電動汽車的續航能力正在迅速提升

Tesla Model S 在充滿電的情況下可行駛高達 **650** 公里

目標 2030 年設 50 萬個公共充電站

　　除了由企業推動增加充電站外，拜登推行的《基礎設施法》（*Infrastructure Law*），目標是到 2030 年達到 50 萬個充電站，加上過去 20 年，加油站的數量一直都是逐步下降，預計屆時充電站將超過加油站的數量。

22 世紀の
宏觀新世界

不思議の I
從 META
看「元宇宙」

不思議の II
「人工智能」
超越人類

不思議の III
「芯片」猶如
數碼石油

不思議の IV
疫情推動
「無人經濟」

不思議の V
全球減碳
與「電動車」
發展

不思議の VI
「氫能」革命
蓄勢待發

不思議の VII
「網絡安全」
保衛戰

22 世紀の
生活型態

5 大產業
趨勢探討

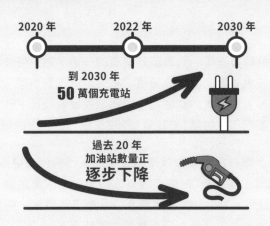

2020 年　　2022 年　　2030 年

到 2030 年
50 萬個充電站

過去 20 年
加油站數量正
逐步下降

　　此外，連鎖便利店 7-Eleven 也表示在 2022 年底前安裝 500 個 DCFC 充電樁，惟目前在美國四州的 14 家門店只有 22 個充電樁。

Lucid Air 一次充電可行駛 **800** 多公里

Vision EQX 每次充電可行駛 **1,042** 公里

自動駕駛時代即將來臨？

　　每一輪的科技改革，汽車都是重要的一環，當中所涉及的技術和上一代有多大差異，都意味著這場革命可以走到多遠，對市場以至人類生活質量有多大的影響力。如將電動車看成是下一代汽車硬件的未來，那就不能忽略「自動駕駛技術」這門軟件上的標配。

　　不少人都擔心自動駕駛技術的安全性，但美國交通部 NHTSA 的研究就指出，原來 94% 的交通事故都是源於人為錯誤，其中僅 2% 為車輛故障、2% 為環境因素及 2% 為不明原因，由此推論，自動駕駛應能更有效降低交通事故發生的機率。

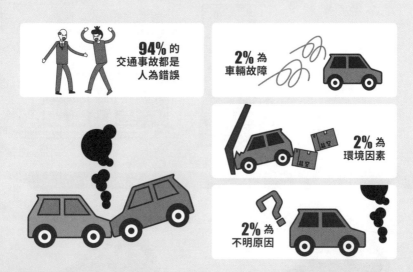

94% 的交通事故都是人為錯誤

2% 為車輛故障

2% 為環境因素

2% 為不明原因

自動駕駛的汽車不再人為控制，而是利用整體網路運行，與其他自動駕駛汽車互通訊息，以避開不必要的急剎和堵塞情況，並選出最佳、最有效的行駛路線，從而帶來交通效率上的好處。

由於汽車可以在沒有司機的情況下自行駕駛，這不但可以讓你於公司門前、商店前或任何地方下車，然後汽車自行去泊車；當你需要用車時，又可以按時作出安排，毋須由你親自去遠處取車，整體上節省更多泊車、候車等時間上的規劃。

當然，要實現自動駕駛，智能城市發展及 5G 技術都要配合。在香港，電動車普及化仍有一段很長的路，自動駕駛還是遙不可及的事；但在外國，現時已有特斯拉 (Tesla)、谷歌 (Google)、蘋果 (Apple)、寶馬 (BMW)、三星 (Samsung) 等投入自動駕駛車的研發，當中 Tesla CEO 馬斯克 (Elon Musk) 更篤定：「15 至 20 年後所有汽車都將是自動駕駛車。」

至於國內就有華為和百度兩大巨頭。華為於 2021 年 4 月發表了五種自駕技術解決方案，並與北京汽車旗下北汽新能源合作，推出了搭載「鴻蒙作業系統」（Harmony OS) 的 Alpha S 電動車。Alpha S 是全球首款搭載三組光學雷達 (Lidar) 的自駕車，聲稱可在自動駕駛的情況下，於市區內連續行駛 1,000 公里，更指出其自駕技術等級可達到 Lv3。 相比之下，Tesla 先前提交予監管單位的文件中顯示，其自駕技術並不超過 Lv2 的等級。

百度旗下的全球首個自動駕駛 MaaS 平台已在廣州黃埔區進行實測，並表示未來將在該區部推出百台自動駕駛車輛、設置近千個自動駕駛接駁點，更會繼北京、長沙、滄州後，將旗下的 Robotaxi 在廣州進行常態化運營。

22 世紀の
宏觀新世界

不思議の I
從 META
看「元宇宙」

不思議の II
「人工智能」
超越人類

不思議の III
「芯片」猶如
數碼石油

不思議の IV
疫情推動
「無人經濟」

不思議の V
全球減碳
與「電動車」
發展

不思議の VI
「氫能」革命
蓄勢待發

不思議の VII
「網絡安全」
保衛戰

22 世紀の
生活型態

5 大產業
趨勢探討

VI

「氫能」革命蓄勢待發

氫能車比電動車更環保？

化石能源 VS 電能 VS 氫能

目前全球仍是以石油、煤和天然氣等不可再生資源作為主流能源。自1760年代第一次工業革命以來，人類對這類化石燃料的消耗日益增加，儲量卻持續下降，終有一天會用完，加上耗用化石能源所帶來的環境污染已造成全球氣溫上升等生態問題，以上情況都驅使各國務必更加積極實現「碳中和」目標。

近年中國、美國、日本、韓國、歐盟等紛紛重視「氫能源」方面的發展。國際氫能委員會發布的《氫能源未來發展趨勢調研報告》預期，2050年氫能源的需

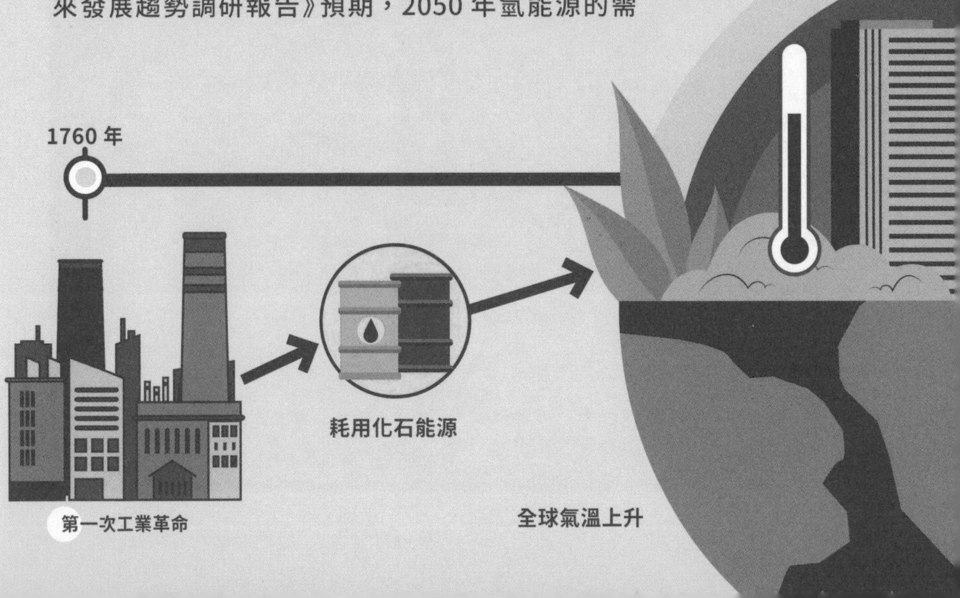

1760 年

耗用化石能源

第一次工業革命

全球氣溫上升

求量將是目前的 10 倍，在全球所有能源消費的比重提高至 18%，氫經濟的市場規模將達到 2.5 萬億美元，並由此可減少 60 億噸二氧化碳排放；以氫能為核心技術的燃料電池汽車，更將佔據全球車輛的 20% 至 25%，到時氫能將成為與汽油、柴油並列的終端能源體系消費主體。

22 世紀の
宏觀新世界

不思議の I
從 META
看「元宇宙」

不思議の II
「人工智能」
超越人類

不思議の III
「芯片」猶如
數碼石油

不思議の IV
疫情推動
「無人經濟」

不思議の V
全球減碳
與「電動車」
發展

不思議の VI
「氫能」革命
蓄勢待發

不思議の VII
「網絡安全」
保衛戰

22 世紀の
生活型態

5 大產業
趨勢探討

氫經濟希望可減少
60 億噸二氧化碳排放

在《巴黎協定》下，全球大部分國家都表態要為減碳出一分力，逐步推出以電動車取代燃油車的方案，帶動電動車產量持續攀升。但實際上，以鋰電池主導的電動車並非完全是零排放，只是在使用階段屬於零排放，而從上游原材料供應鏈環節中的碳排放就佔 70% 以上，因此以整個產業鏈來考量的話，電動車並不是零排放，反而使用燃料電池（Fuel cell）的「氫能車」（Fuel-Cell Electric Vehicle, FCEV）更能實現零排放。

2022 年　　　　　　　　　　　　　2050 年

預期 2050 年氫
能源的需求量將
是目前的 **10** 倍

為甚麼使用氫能車？

相比起傳統燃油和鋰電池，氫氣具有低污染、高效能的特點，氫能車的內置燃料電池，通過氫氣和氧氣產生的化學作用製造電流以驅動車輛行駛，其中的化學過程所產生的副產品只有水分，及後又可分解成氫再次回收利用，全生命周期不會產生碳排放，屬於零污染的清潔能源。

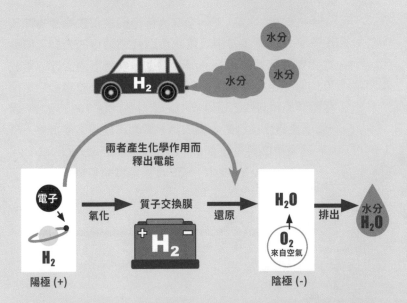

氫能燃料電池發電原理

化學式： $2H_2 + O_2 \longrightarrow 2H_2O$

兩者產生化學作用而釋出電能

電子

氧化 → 質子交換膜 → 還原 → H_2O → 排出 → 水分 H_2O

H_2

H_2

O_2 來自空氣

陽極 (+)　　　　　　　　　　陰極 (-)

加注 1kg 不同燃料的行駛里數

電動車 1kg 電池單體儲存的電量能行駛 **1** 至 **2** km

燃油車加注 1kg 汽油約可行駛 **20** km

另一方面，氫氣的能量密度極高，最高可達到 143MJ/kg，是汽油的 3.25 倍、鋰電池的 130 倍，意味著擁有比汽油和鋰電池更高的能量轉換效率。

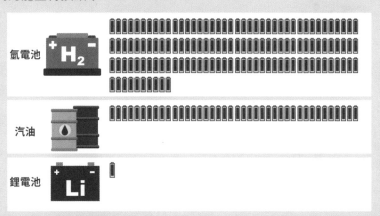

舉個例，燃油車加注 1kg 汽油約可行駛 20km；電動車 1kg 電池單體儲存的電量只能行駛 1 至 2km；但氫燃料電池車加注 1kg 氫氣，就可行駛 100km，差別之大顯而易見，這亦帶來續航里程長的優勢。

《經濟學人》曾發表文章指出，行駛距離較短的私家車，未必能夠突顯氫能車的優勢；但行走距離較長的交通工具（例如貨車），使用氫能可減少停下補充燃料的次數，亦可降低興建補充燃料的設施數目，因此更適合長途運輸卡車、大巴、物流車等中重型車輛應用。加上有別於電動車動輒需要數小時充電的缺點，氫能車的加氫時間只需約 5 分鐘，應用上比柴油車和電動車都方便省時得多。

氫燃料電池車加注 1kg 氫氣，
可行駛 **100**km

22 世紀の
宏觀新世界

不思議の I
從 META
看「元宇宙」

不思議の II
「人工智能」
超越人類

不思議の III
「芯片」猶如
數碼石油

不思議の IV
疫情推動
「無人經濟」

不思議の V
全球減碳
與「電動車」
發展

不思議の VI
「氫能」革命
蓄勢待發

不思議の VII
「網絡安全」
保衛戰

22 世紀の
生活型態

5 大產業
趨勢探討

氫能發展概況（一）：日本

現時全球愈趨重視氫能發展，佔全球 GDP 約 52% 的 27 個國家當中，有 16 個已經制訂全面的國家氫能發展戰略，當中日本、韓國和美國的發展步伐於全球處領先位置。

日本福島核災後能源應變

自從 2011 年發生福島核災後，日本已關閉所有核反應爐，同時因地少山多、人煙稠密，難以大規模發展再生能源發電，所以不少企業都伺機大力發展氫能。

早於 2014 年，日本豐田就推出了一款名為「MIRAI」的氫能源汽車，MIRAI 在日語中是「未來」的意思，這亦被日本人視為汽車的未來。早前 MIRAI 於美國街道作出模擬真實駕駛，加滿 5.65 kg 的氫燃料後，以 1,360 km 的續航表現於同年再次打破《健力士世界紀錄》。截止 2020 年底，MIRAI 在全球合共生產了約 12,015 部。

全球合共生產了
約 **12,015** 部

2020 年

MIRAI 的續航力

MIRAI 加滿 5.65 kg 的氫燃料後，
以 **1,360** km 續航表現打破《健力士世界紀錄》

又例如 2018 年開業的川崎國王天際東急 REI 酒店，便以氫燃料電池能為房間提供電力和熱水，是全球首間由氫氣提供部分電力的酒店。

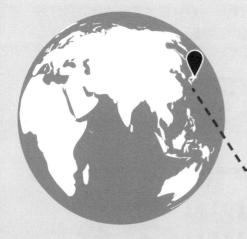

再者，日本新能源產業技術綜合開發機構（NEDO）亦與多間企業聯手，僅靠氫氣發電就為某些市區範圍供應了熱力和電力，成為是全球首例。

逐步實現「氫能社會」

2017 年，日本政府公布「基本氫能戰略」，旨在創造一個「氫能社會」，目標在 2030 年前後建構商用規模的供應鏈，每年採購約 30 萬公噸氫氣。

氫能車普及目標是到 2025 年約 20 萬輛，到 2030 年約 80 萬輛。加氫站的建置目標是到 2025 年度達 320 座；到 2020 年代後半，做到自立化，由私營企業自行建造加氫站。燃料電池巴士的導入目標是到 2030 年度約 1,200 輛。燃料電池堆高機的導入目標是到 2030 年度約 10,000 輛。

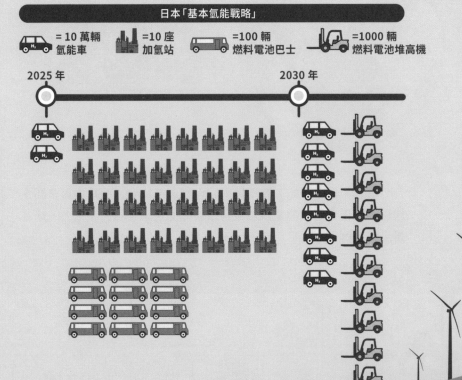

日本「基本氫能戰略」

= 10 萬輛 氫能車　=10 座 加氫站　=100 輛 燃料電池巴士　=1000 輛 燃料電池堆高機

2025 年　　　2030 年

氫能源專利技術：日本世一

22 世紀の
宏觀新世界

不思議のI
從 META
看「元宇宙」

不思議のII
「人工智能」
超越人類

不思議のIII
「芯片」猶如
數碼石油

不思議のIV
疫情推動
「無人經濟」

不思議のV
全球減碳
與「電動車」
發展

不思議のVI
「氫能」革命
蓄勢待發

不思議のVII
「網絡安全」
保衛戰

22 世紀の
生活型態

5 大產業
趨勢

日本氫能源
專利佔全球
30% 以上

氫能源專利方面，日本現時佔據全球 30% 以上，是全球第一。

日本的豐田、本田、日產、松下和東芝等，在氫能和燃料電池技術方面，是全球領軍企業，在質子交換膜燃料電池、燃料電池系統和車載儲氫這三大技術上，日本和美國的專利加起來，就佔了全球市場超過 50%。東京奧運期間，奧運村更成為氫能社會示範區，日本的最終目標是在 2030 年實現氫能商業化，並在未來繼續成為氫能領導者。

日本和美國的專利加起來，佔了全球市場 >50%

121

氫能發展概況（二）：韓國

氫能交通工具之發展

韓國的氫能發展同樣不甘後人，早於 2013 年，現代汽車就推出第一輛名為「NEXO」的氫能車，累計銷量達 12,717 輛，略超豐田的 MIRAI。2020 年全球氫能車銷售量約 9,000 輛，其中近七成便是來自現代汽車，市佔率較 2019 年成長約 24%，銷售量較 2019 年增長 35.3%。

現代汽車以氫能卡車打入歐洲市場，同時發展氫能無人機、氫能船、氫能火車等取代化石燃料交通工具的方案，2021 年初更宣布在中國廣州設立首家海外氫燃料電池工廠。

「氫能經濟」策略

2019 年韓國政府發布了「氫能經濟發展路線圖」，計劃到 2040 年氫燃料電池汽車累計產量增至 620 萬輛，氫燃料電池汽車加氫站增至 1,200 個。燃料電池產量方面，計劃到 2040 年擴大至 15GW，是 2020 年韓國發電總量的 7 至 8% 水平。

路線圖還訂下一系列明確的發展目標——到 2040 年氫燃料家用汽車達 275 萬輛；家用發電 600MW；氫燃料出租車 8 萬輛；氫燃料巴士 4 萬輛；氫燃料卡車 3 萬輛；年減少大氣污染 2,373 噸；溫室氣體減少 2,728 萬噸等。

22 世紀の
宏觀新世界

不思議の I
從 META
看「元宇宙」

不思議の II
「人工智能」
超越人類

不思議の III
「芯片」猶如
數碼石油

不思議の IV
疫情推動
「無人經濟」

不思議の V
全球減碳
與「電動車」
發展

不思議の VI
「氫能」革命
蓄勢待發

不思議の VII
「網絡安全」
保衛戰

22 世紀の
生活型態

5 大產業
趨勢探討

韓國政府亦為氫能企業及其境外氫能項目提供稅收減免等全方位支持，目標是到 2030 年培育 30 間國際領先氫能企業。為培養氫能領域優秀人才，計劃在本科和研究生教育開設氫能源課程，預計將創造 5 萬個工作崗位。氫燃料電池研發方面，計劃將技術應用範圍由汽車擴大到火車、船舶和城市空中交通，並進行氫燃料動力船舶和液化氫運輸船的商業化部署，打造氫能港口樞紐，為氫燃料的國際運輸打好基礎。

減少對外能源進口依賴

由於氫能不像開採石油般需要地理優勢，只需透過生物生產、水電解、高壓電解、高溫電解等方式就能夠獲取，如能掌握生產、儲存氫能的技術，就能提煉及供應無限量的能源，因此對於能源進口率高達 95% 的韓國來說，大力發展氫能將是降低能源對外依賴度的契機。

韓國「氫能經濟發展路線圖」

= 10 萬輛 氫能車

=10 座 加氫站

=1 萬 燃料電池巴士

=1 萬輛 氫燃料卡車

2040 年

溫室氣體減少
2,728 萬噸

減少大氣污染
2,373 噸

氫能發展概況（三）：美國

　　中歐過去數年相繼在新能源車領域發力，滲透率方面逐漸拋離美國。為重奪市場話語權，美國總統拜登上台後，便積極推出鼓勵新能源車產業的行政命令，當中明確主張實現零排放汽車的目標，除電動車外，首次強調氫能車，這或意味著美國新能源產業政策結構重心，將向氫能發展傾斜。尤其宣布重返《巴黎協定》後，更促使美國重新定位氫能在能源結構和全球市場的地位，並在氣候目標下進行新部署。

美國《氫能發展計劃》

= 3 萬輛
輕、中、重型
氫能車

= 1 萬輛
氫能物料搬運工具

= 10 萬個
工作崗位

2025 年

2030 年

氫能發展藍圖

22 世紀の
宏觀新世界

不思議のⅠ

從 META
看「元宇宙」

不思議のⅡ

「人工智能」
超越人類

不思議のⅢ

「芯片」猶如
數碼石油

不思議のⅣ

疫情推動
「無人經濟」

不思議のⅤ

全球減碳
與「電動車」
發展

不思議のⅥ

「氫能」革命
蓄勢待發

不思議のⅦ

「網絡安全」
保衛戰

22 世紀の
生活型態

5 大產業
趨勢探討

　　美國於 2021 年 6 月啟動了第一個「氫能公關」（Hydrogen Shot）項目，降低可再生能源、核能的價格，以減低成本作為誘因，進一步推廣氫能應用普及化。

　　此前的 2020 年底，美國能源部在 2002 年計劃的基礎上發布了新版《氫能發展計劃》，提出未來 10 年及更長時間的氫能研究、開發和示範的總體策略框架，同時制訂美國到 2030 年發展氫能的技術經濟指標。

　　根據《美國氫能經濟路線圖》，到 2025 年，全美各種應用的氫總需求量將達到 1,300 萬噸，道路上行駛共計 15 萬輛輕、中、重型氫能車，同時有 12.5 萬輛氫能物料搬運工具。2030 年，美國氫能經濟每年產生約 1,400 億美元收入，並在整個氫價值鏈中提供 70 萬個工作崗位。到 2030 年底，全美各種應用的氫總需求量將突破 1,700 萬噸，售出的氫能車將達到 120 萬輛、氫能物料搬運工具 30 萬輛，同時全美有 4,300 個加氫站投入運營。然後至 2050 年，氫能經濟將每年創造約 7,500 億美元收入和累計 340 萬個就業機會，並且滿足美國終端能源需求的 14%。

2050 年

創造約 7,500 億美元收入和
累計 340 萬個就業機會，
並且滿足美國
終端能源需求的 14%

氫能普及化有甚麼阻礙？

　　雖然氫能是接近完美的清潔能源，並且深得各國近年大力推崇，但發展氫能經濟的最大關鍵，在於如何減低生產成本，否則要普及開去仍然甚有難度。

灰氫 VS 藍氫 VS 綠氫

　　由於氫氣不能在大自然中直接找到，而是屬於「二次能源」，即需要先經過其他途徑才可提煉出來，以生產來源劃分的話，可分為「灰氫」（Grey Hydrogen）、「藍氫」（Blue Hydrogen）和「綠氫」（Green Hydrogen）三種。

灰氫
Grey
Hydrogen

灰氫：是利用化石燃料石油、天然氣和煤產生氫氣，製氫成本較低，但碳排放量較高，非常不環保。

藍氫：使用化石燃料製氫的同時，配合碳捕捉和碳封存技術，碳排放強度相對較低，但收集成本較高。

藍氫
Blue
Hydrogen

22 世紀の
宏觀新世界

不思議の I
從 META
看「元宇宙」

不思議の II
「人工智能」
超越人類

不思議の III
「芯片」猶如
數碼石油

不思議の IV
疫情推動
「無人經濟」

不思議の V
全球減碳
與「電動車」
發展

不思議の VI
「氫能」革命
蓄勢待發

不思議の VII
「網絡安全」
保衛戰

22 世紀の
生活型態

5 大產業
趨勢探討

綠氫：是利用可再生能源進行對水電解製氫，雖然成本是三者中最高，但製氫過程完全沒有碳排放，所以發展綠氫才是讓氫能達至全產業鏈綠化的正確路向。

綠氫
Green
Hydrogen

但根據熱力學定律，在水電解過程中輸入的電能，必然多於氫氣可輸出的能量，所以被視為欠缺效率，成本太高，導致綠氫生產一直增長緩慢。

兩大考驗：成本效益、安全應用

歐洲委員會作出估計，目前綠氫氣的生產成本是化石燃料的 3 至 6 倍，大約每公斤 2.5 至 5.5 歐元，藍氫每公斤約 2 歐元，灰氫則約為 1.5 歐元。

1KG 綠氫　每公斤 **2.5** 至 **5.5** 歐元

1KG 藍氫　每公斤 **2** 歐元

1KG 灰氫　每公斤 **1.5** 歐元

儘管氫能技術潛力優厚，但製造氫氣的經濟成本甚高，而且需要在燃料罐中儲存和運送高壓氫氣，氫氣一旦洩漏並且燃燒，就可能發生爆炸，這對使用者和社會而言，都是巨大的經濟和安全風險，也導致目前美國等地，氫能技術市場滲透率偏低。

各國對氫能技術有何研發與展望？

　　雖然卡在經濟效益的難題上，但製取氫能的發明技術曙光在前。隨著太陽能研究的發展，有科學家開始研究利用陽光進行電解水，只要把二氧化鈦一類催化劑放入水中，在陽光照射下，催化劑便能激發光化學反應，把水分解成氫和氧。他們預計，當更有效的催化劑面世，到時人們只要在汽車、飛機等油箱中裝滿水，再加入光水解催化劑，再加上陽光的配合，水便能不斷地分解出氫，成為發動機的能源。

美國

　　美國華盛頓州立大學（WSU）化學工程系教授 Su Ha 領導的研究團隊，發明了一種創新的製造氫氣方法，在轉換系統中，只使用乙醇（ethanol）、水及小量電力，就能生產壓縮氫氣。轉換系統由陽極和陰極組成，研究人員把由乙醇和水混合的溶液放進容器，然後輸入電流，使溶液進行電化學反應，繼而產生壓縮氫氣。

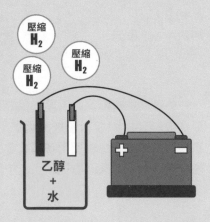

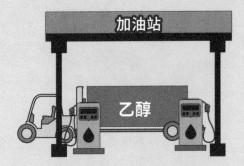

Su Ha 表示：「透過創新製氫法，我們只需沿用現有運輸乙醇的基礎設施，把乙醇運送至加油站，然後才在現場的轉換系統直接製氫，供氫能車使用，過程簡單且安全。」他指出，乙醇溶液易於運送，透過以上方法，便毋須再擔心氫氣儲存或運輸的問題。

另一方面，傳統製氫法是透過「水電解」（water electrolysis），在電解液中引入電流，讓水分子在電極上產生電化學反應，分解成氫氣和氧氣。Su Ha 稱，創新製氫法所使用的電力，不到水電解所需電力的一半，因此較傳統的製氫法更具能源成本效益。

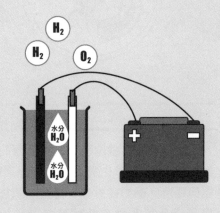

再者，由創新方法製作的氫氣毋須後期壓縮，因為在化學反應前，乙醇溶液已是壓縮狀態，所以能直接生產出已壓縮的氫氣，這過程同樣較以往方法節省更多能源。

22 世紀の
宏觀新世界

不思議のI
從 META
看「元宇宙」

不思議のII
「人工智能」
超越人類

不思議のIII
「芯片」猶如
數碼石油

不思議のIV
疫情推動
「無人經濟」

不思議のV
全球減碳
與「電動車」
發展

不思議のVI
「氫能」革命
蓄勢待發

不思議のVII
「網絡安全」
保衛戰

22 世紀の
生活型態

5 大產業
趨勢探討

日本

有科學家發現，有些微生物能在陽光作用下製取氫，只要利用在光合作用下可以釋放氫的微生物，通過氫化酶誘發電子，把水裡的氫離子結合起來，就能產生出氫氣。

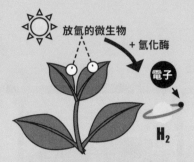

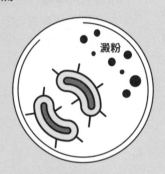

例如在日本已找到一種名為「紅鞭毛桿菌」的細菌，只要將之放在玻璃器皿內，以澱粉作原料培養，就可以產生出氫氣，據說這種細菌製氫的效能頗高，每消耗 5 毫升的澱粉營養液，就可產生出 25 毫升的氫氣。

挪威

隨著技術日益進步，在綠氫應用的取態上，多國也見抱持正面、樂觀的態度。例如在挪威，再生能源技術顧問公司電動車全球業務部主管 Jeremy Parkes 認為，現時氫能車的價格及其運行成本均高於傳統電動車，但隨著新技術出現而提升生產水平，成本就會下降。根據以往電動車電池的發展，每當產量增加一倍，成本便降低 19%。

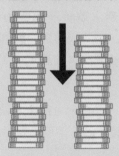

隨著新技術出現而提升生產水平，成本就會下降

英國

英國汽車零件供應商 GSF Car Parts 電子商務經理 Mark Barclay 指出，亞洲和歐洲多個汽車品牌已開始涉足氫能車市場，「當整個汽車業適應這種新技術時，相關成本便能下降，甚至相信氫能車在未來 10 年或對傳統電動車造成威脅，甚至取代傳統電動車。」

中國

上海博氫新能源科技公司董事長沈建躍表示，「氫燃料電池最大的問題不在製氫，而在儲、運、加環節。不解決這三個問題，氫燃料電池的產業化無從談起。」

中國工程院院士彭蘇萍對氫能成本進行調研後發現，製氫成本可以控制在每公斤約 10 元人民幣，但儲、運和加氫環節就要 30 元人民幣，因此必須把中間這部分成本降下來。

總的來說，上游的製氫技術、中游的儲氫技術，以及應用層面的燃料電池技術，都是氫經濟發展不可或缺的部分，而未來的技術革新將是突破瓶頸的關鍵。

VII

「網絡安全」保衛戰

你有當心數碼世界之險詐？

網上危機無處不在

我們的生活已離不開網絡世界，無論是網上搜尋或是購物等，一旦連結上網，活動蹤跡的數據便隨即被記錄下來。又例如當我們下載手機 Apps 時，總會彈出有關「個人私隱收集」的訊息頁面，須用家「同意」特定使用條款才可以應用，而我們的個人資料數據，就是在如此的不經意之間，交付到某些企業的手上。

從網絡所收集的用家數據，不僅是企業的重要生產資源，也關乎個人私隱，當中的資訊亦攸關社會群體的利益，甚至對國家的綜合國力和長治久安都起著關鍵的作用。

因此，網絡數據安全，是全球各國愈趨關注、也必須加強保安的範疇。

近年多得新冠疫情的「助力」，直接推進了中小企業數碼化轉型。有研究指出，疫情將全球數碼化的進程平均提前了 5 至 7 年。在遠程辦公、教育、醫療及智能化生產等領域上，不少企業都開拓了大量新型互聯網產品和服務，雲端運算（Cloud Computing）、物聯網（Internet of Things）、工業互聯網（Industrial Internet）、區塊鏈（Block Chain）、大數據（Big Data）、人工智能（Artificial Intelligence）等技術應用，近年都加快普及，尤其

是雲端運算方面，已成為全球企業數碼化轉型的關鍵基礎設備，是各行各業的「剛性需求」。

由個人私隱到國家安全

中國信息通信研究院發布的《雲計算白皮書（2021）》顯示，2020 年中國的雲端運算市場規模達人民幣 2,091 億元，增速 56.6%，預計 2023 年市場規模將接近人民幣 4,000 億元。

作為「新基建」核心技術的雲端運算，收集和處理著眾多企業和個人訊息，無疑對於網絡安全是必須要作出鎮守的第一大防線。尤其上傳到雲端的數據和訊息量愈來愈大，當中可作分析並披露人民生活、經濟發展，以至國家治理的狀況，被視為重要的國家戰略資源，因而必須作出重點保護。

眾多衍生出來的網絡安全問題，包括數據洩露、網絡詐騙和勒索病毒等，尤其涉及有組織的黑客網絡攻擊，都是每個國家時刻都在關注的重大課題。

大勢所趨，許多企業的營運操作都採用多雲端模式，然而不同的雲端技術廠商普遍對「基礎設施即服務」（Infrastructure as a Service, IaaS）、「平台即服務」（Platform as a Service, PaaS）及「軟體即服務」（Software as a Service, SaaS）的安全責任邊界模糊，要是對雲端安全責任邊界沒有界定清楚，將很易釀成網絡攻擊，並出現違法的犯罪缺口。

22 世紀の
宏觀新世界

不思議の I
從 META
看「元宇宙」

不思議の II
「人工智能」
超越人類

不思議の III
「芯片」猶如
數碼石油

不思議の IV
疫情推動
「無人經濟」

不思議の V
全球減碳
與「電動車」
發展

不思議の VI
「氫能」革命
蓄勢待發

不思議の VII
「網絡安全」
保衛戰

22 世紀の
生活型態

5 大產業
超勢探討

甚麼是 IaaS、PaaS、SaaS？

雲端運算三大類服務

基礎設施（Infrastructure）、平台（Platform）和軟件（Software），是雲端運算的三個分層，基礎設施在最下層，平台在中層，軟件在頂層，所衍生的產物，就是「基礎設施即服務」（Infrastructure as a Service, IaaS）、「平台即服務」（Platform as a Service, PaaS）和「軟件即服務」（Software as a Service, SaaS）。

若以「薄餅」作比喻去理解三者分別——從薄餅店買一件製成品回家享用，就是 IaaS；打電話叫外賣，讓別人將薄餅送去你家，就是 PaaS；直接去薄餅店吃，就是 SaaS 了。

IaaS

PaaS

SaaS

IaaS

IaaS 提供雲端運算基礎架構，包括伺服器、存儲、網絡和作業系統，用戶毋須購買伺服器、軟件、資料庫空間或網絡設備，只要按需要購買相關的資源外包服務即可使用。大型 IaaS 公司包括 Amazon、Microsoft 和 VMWare。

PaaS

PaaS 提供雲端運算平台與解決方案服務，讓用戶快速、方便地創建 web 應用，毋須管理與控制下層的雲端基礎設施，但就需要控制上層的應用程式部署與應用代管環境。大型 PaaS 公司有 Google App Engine 和 Microsoft Azure。

SaaS

SaaS 屬於「即需即用軟件」，僅透過網絡，而毋需透過安裝即可使用。常見的商業軟件應用包括會計系統、協同軟件、客戶關係管理和管理資訊系統等。不少數碼化轉型企業，都傾向將硬件和軟件維護及支援外包給 Saas 公司，來降低資訊科技上的成本支出。微盟和醫渡科技都是為人熟悉的 SaaS 公司。

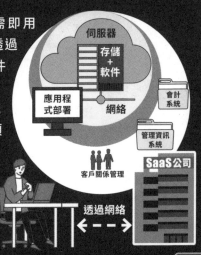

22 世紀の
宏觀新世界

不思議の I
從 META
看「元宇宙」

不思議の II
「人工智能」
超越人類

不思議の III
「芯片」猶如
數碼石油

不思議の IV
疫情推動
「無人經濟」

不思議の V
全球減碳
與「電動車」
發展

不思議の VI
「氫能」革命
蓄勢待發

不思議の VII
「網絡安全」
保衛戰

22 世紀の
生活型態

5 大產業
趨勢探討

網上打劫與勒索猖獗?

勒索軟件罪案肆虐

黑客經常利用勒索軟件對企業的網絡系統作出威脅,迫使企業交出贖金,以免導致更大的業務和金錢上的損失。據網絡安全公司 Sophos 發表的《勒索軟件軟件現況報告》(*The State of Ransomware 2022*),2021 年全球便有 66% 企業曾遭受勒索軟件攻擊,較對上一年激增 78%。

有 **66%** 企業曾遭受勒索軟件攻擊

86% 表示曾受攻擊導致失去業務或收入

Sophos 在 2022 年初向 31 個國家共 5,600 名中型私人企業的 IT 專業人士進行調查,了解他們在過去一年中遭遇勒索軟件攻擊的情況。調查發現,在 2021 年遭受過勒索軟件攻擊的企業中,有 86% 表示這些攻擊導致他們失去業務或收入。

贖金要價飆升

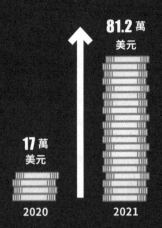

81.2 萬
美元

17 萬
美元

2020　　　2021

報告又指出，贖金金額也大為提升。2021 年的平均贖金為 81.2 萬美元，幾乎是 2020 年平均贖金 17 萬美元的 5 倍。

此外，願意付出贖金的受害者比例也在增加。Sophos 首席研究科學家 Chester Wisniewski 認為出現這現象的原因，歸咎於企業備份工夫不足，為了防止被盜數據外洩，只好屈服。

Chester Wisniewski 表示，在發生勒索軟件的攻擊後，企業或會感到巨大壓力，為求盡快恢復正常運作而付上贖金。他指出：「使用備份恢復加密數據是一個困難和耗時的過程，因此他們或會認為支付贖金以獲得解密密鑰，是一個更快的解決方案。」

22 世紀の
宏觀新世界

不思議の I
從 META
看「元宇宙」

不思議の II
「人工智能」
超越人類

不思議の III
「芯片」猶如
數碼石油

不思議の IV
疫情推動
「無人經濟」

不思議の V
全球減碳
與「電動車」
發展

不思議の VI
「氫能」革命
蓄勢待發

不思議の VII
「網絡安全」
保衛戰

22 世紀の
生活型態

5 大產業
趨勢探討

哪個瀏覽器最常受到網絡攻擊？

北韓黑客之「零日攻擊」

Chrome 既是全球最多人使用的瀏覽器，所以黑客也最常透過 Chrome 來進行網絡攻擊。

「零日攻擊」（0-Day Attack）便是指黑客針對還沒有修補程式的安全漏洞來進行網絡侵害。由 Google 網絡威脅分析小組（TAG）發表的報告中，在 2022 年 1 月至 2 月期間，發現有北韓黑客利用 Chrome 進行零日攻擊，在目標設備上執行代碼，在這漏洞被修補之前，北韓黑客入侵了多間媒體和金融技術公司的電腦。

研究人員將該漏洞名為「CVE-2022-0609」，並將與事件有關的兩個北韓黑客組織命名為「Operation Dream Job」和「Operation AppleJeus」。

```
0010111010110111100110000
110101010110101010-Day
1010101010101 1010101 010
101010110101010101010010
0111101 Operation 010010
010010 011Dream011
Job 1110 10110Operation
011AppleJeus 010010
1111001100001101010101101
```

假網站觸發惡意軟件

　　根據 TAG 的說法，Operation Dream Job 的攻擊目標包括媒體、域名註冊商、軟件供應商和虛擬主機，案件影響多達 10 個不同組織、共 250 名受害者。黑客的手法是先發出虛假的工作招聘郵件，聲稱來自 Disney、Google 和 Oracle，雖然這些郵件看起來像來自 Indeed.com 或 ZipRecruiter，但實際上是連結到這些網站的虛假版本。當有人進入假網站後，網站隱藏的 iframe 就會利用 Chrome 的漏洞，觸發惡意軟件。

聲稱來自 Disney、
Google 和 Oracle 的
工作招聘郵件

　　至於 Operation AppleJeus，都是以同樣的方式攻擊加密貨幣和金融技術公司，受影響人士有 85 人。除了用於觸發惡意軟件的假網站外，至少還有兩個合法網站遭受破壞，被用作傳播這種攻擊。

22 世紀の
宏觀新世界

不思議の I
從 META
看「元宇宙」

不思議の II
「人工智能」
超越人類

不思議の III
「芯片」猶如
數碼石油

不思議の IV
疫情推動
「無人經濟」

不思議の V
全球減碳
與「電動車」
發展

不思議の VI
「氫能」革命
蓄勢待發

不思議の VII
「網絡安全」
保衛戰

22 世紀の
生活型態

5 大產業
趨勢探討

何種設備最易遭受黑客入侵？

對智能設備、物聯網、路由器之侵害

隨著防盜鏡頭、智能電視、智能家電和智能門鎖等設備逐漸普及，刺激物聯網世界近年高速增長。網絡安全公司 SAM Seamless Network 的報告便顯示，愈來愈多黑客透過智能設備作為媒介，不但針對企業，也向個人用戶發動攻擊，在 2021 年就有多達 9 億次黑客攻擊是和物聯網有關。

SAM Seamless Network 從 1.32 億個活躍的物聯網設備和 73 萬個安全網絡中收集數據，發現有 50% 家庭和微型企業網絡在 2021 年曾經歷黑客攻擊或可疑的網絡流量行為，當中包括阻斷服務攻擊（DDoS）、蠻力攻擊（Brute-Force Attacks）、網絡釣魚（Phishing）和對於深度封包檢測（Deep Packet Inspection, DPI）政策的攻擊。

在 **1.32 億**個物聯網設備和 **73 萬**個安全網絡中，有 **50%** 家庭和微型企業曾經歷黑客攻擊

報告也指出，自 2016 年以來，惡意軟件 Mirai 和 Mozi 的攻擊與日俱增，而且是針對物聯網設備和家庭路由器（Router）。

　　當中最容易受黑客攻擊的設備是路由器，佔所有攻擊的46%，其他常見的易受攻擊設備，包括擴展器和網狀物（extenders & mesh）、接入點（access points）、網絡儲存裝置（NAS）和防盜鏡頭等。

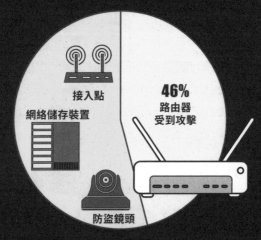

安全風險管理

　　報告認為，之所以會出現大量針對物聯網的黑客攻擊，是由於物聯網生態系統普遍缺乏安全性，特別是對於個人消費者或微型企業來說，使用者可能沒有意識到這些設備在應用上所帶來的安全風險。

　　此外，物聯網生態系統中的原始設備製造商和操作系統有很大的多樣性，這往往會導致安全更新的方法過於零散，結果容易構成漏洞。

22 世紀の
宏觀新世界

不思議の I
從 META
看「元宇宙」

不思議の II
「人工智能」
超越人類

不思議の III
「芯片」猶如
數碼石油

不思議の IV
疫情推動
「無人經濟」

不思議の V
全球減碳
與「電動車」
發展

不思議の VI
「氫能」革命
蓄勢待發

不思議の VII
「網絡安全」
保衛戰

22 世紀の
生活型態

5 大產業
趨勢探討

甚麼裝置最常發生線上交易騙案？

以手機進行詐騙

新冠疫情加速全球數碼化，同時亦助長網絡犯罪，尤其年輕一代在手機使用金融應用程式愈趨普及，由此引來更多不法分子透過手機線上交易進行詐騙。

網絡數據分析公司 LexisNexis Risk Solutions 發布的《網絡犯罪報告》（*Cybercrime Report*）顯示，在 2021 年下半年，透過手機線上交易進行詐騙的數量激增，佔所有數碼詐騙案中的 75%。

手機線上交易詐騙，佔所有數碼詐騙案的 **75%**

相比 2014 年時，手機線上交易詐騙比重只佔總數的 25%，7 年間已急升 3 倍至 75%。報告認為，該比重急升的主因除了是愈來愈多年輕人使用手機，以及金融科技應用程式冒起外，新興市場人口直接使用手機而完全略過桌上型電腦，以及數據服務和智能手機成本快速下降，都是重要的驅動因素。

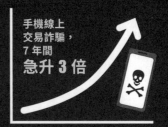

手機線上交易詐騙，7 年間 **急升 3 倍**

2014 年　　　2021 年

儘管世界各地的防疫限制措施在 2021 年下半年逐步放寬，但報告發現線上交易量仍持續增長，當中以金融服務業，以及通訊、移動和媒體業最為突出，兩者分別較上一年同期高出 52% 及 45%。

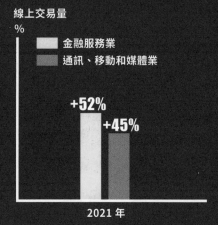

線上交易量
%

■ 金融服務業
■ 通訊、移動和媒體業

+52%
+45%

2021 年

此外，受到加密貨幣熱潮刺激，和壓抑已久的消費者購買力爆發，在帶動線上購物增長的同時，也令數碼騙局數量上升。LexisNexis 在 2021 年下半年追蹤了美國和加拿大共 153 億宗交易，發現交易量與 2020 年同期增長達 22%，網絡詐騙也按年增長了 50%。

發現交易量增長的同時，網絡詐騙也增長了 **50%**

22 世紀の
宏觀新世界

不思議の I
從 META
看「元宇宙」

不思議の II
「人工智能」
超越人類

不思議の III
「芯片」猶如
數碼石油

不思議の IV
疫情推動
「無人經濟」

不思議の V
全球減碳
與「電動車」
發展

不思議の VI
「氫能」革命
蓄勢待發

不思議の VII
「網絡安全」
保衛戰

22 世紀の
生活型態

5 大產業
趨勢探討

跨界攻擊與日俱增

　　報告中又提到，由機械人發動的全球網絡攻擊（Bot Attacks）數量按年增加 32%，達到 16 億次，當中以拉丁美洲地區的增長率最高，達到 455%；在美國和加拿大共發生了 6.92 億次網絡攻擊，雖然按年下跌 7%，但由人類發動的網絡攻擊數量，則按年增長 46% 至 3.44 億次，是 2019 年以來首次增長。

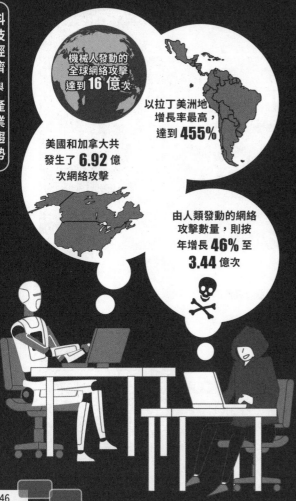

　　在全球數碼經濟體系中，地理不再是網絡罪犯的界限。相反地，欺詐案正以前所未有的速度在跨行業、跨國界頻頻發生。LexisNexis Risk Solutions 欺詐及身分識別副總裁 Stephen Topliss 表示：「身分數據和自動機械人認證測試原意是保護使用者，但當手機一類移動設備成為主流時，這些保護措施或會被用作欺詐用途。」他呼籲企業們必須合作打擊數碼欺詐，建議同行之間應建立更集中的數碼聯盟來達至這一目標。

哪裡是網絡騙局的溫床？

22 世紀の
宏觀新世界

不思議のI
從 META
看「元宇宙」

不思議のII
「人工智能」
超越人類

不思議のIII
「芯片」猶如
數碼石油

不思議のIV
疫情推動
「無人經濟」

不思議のV
全球減碳
與「電動車」
發展

不思議のVI
「氫能」革命
蓄勢待發

不思議のVII
「網絡安全」
保衛戰

22 世紀の
生活型態

5 大產業
趨勢探討

社交媒體成熱門犯罪領域

Facebook、Instagram 等社交媒體已成為人們日常生活的一部分，這亦吸引了愈來愈多犯罪分子利用社交媒體進行網絡詐騙。聯邦貿易委員會 (FTC) 的報告顯示，2021 年的社交媒體詐騙案出現高峰，有超過 95,000 人曾在社交媒體平台上受到欺詐，損失金額高達 7.7 億美元，較 2020 年的 2.58 億美元多出一倍以上。

2.58 億美元

2020 年

7.7 億美元

2022 年

該報告沒有對 2021 年騙案急增作出任何推測，但指出過去 5 年的詐騙案持續飆升，並提出這與虛假的加密貨幣投資騙局大規模激增有關。在 2021 年的 7.7 億美元損失中，投資騙局佔了近 2.85 億美元，超過三分之一。

2021 年騙案造成 **7.7 億**美元損失

投資騙局佔了近 **2.85 億**美元

147

須警剔網友講心為騙金

網戀詐騙案數量也攀升至歷史新高點，FTC 表示：「這些騙局往往從一個陌生人的不經意『朋友邀請』（friend request）開始，接著便是對受騙人甜言蜜語，再進一步就是提出索取金錢的請求。」

另外，網購騙局也很普遍，大多數受害者是受到社交媒體上的廣告所吸引而進行網購，結果是給了錢卻得不到貨物。

Facebook 與 IG 最多騙局

22 世紀の
宏觀新世界

不思議の I
從 META
看「元宇宙」

不思議の II
「人工智能」
超越人類

不思議の III
「芯片」猶如
數碼石油

不思議の IV
疫情推動
「無人經濟」

不思議の V
全球減碳
與「電動車」
發展

不思議の VI
「氫能」革命
蓄勢待發

不思議の VII
「網絡安全」
保衛戰

22 世紀の
生活型態

5 大產業
趨勢探討

值得注意的是，Facebook 和 Instagram 是報告中唯一提到的兩個社交平台，在 2021 年，超過三分之一人表示在網戀詐騙案損失金錢，而且是在 Facebook 或 Instagram 上開始的。FTC 亦指出，網購騙局最常在 Facebook 和 Instagram 上發生，在 10 宗報告中就有 9 宗涉及這兩個平台。

在 **10 宗** 網上騙局報告中就有 **9 宗**
涉及 Facebook 和 Instagram

Meta 在聲明中表示，該公司已投入了大量資源來處理這種欺詐和濫用，「我們不僅僅是暫停和刪除賬戶、頁面和廣告。在可能的情況下，我們會對涉事人士採取法律行動，並一直鼓勵人們在看到這種行為時進行舉報。」

FTC 的建議之一是，用戶在可能的情況下盡量選擇退出有針對性的廣告，因為「騙子可以輕易地利用社交媒體平台上的廣告設定工具，根據人們的年齡、興趣或過去的購買行為等個人資料，有計劃地投放虛假廣告。」

FTC 還建議用戶鎖定自己的私隱設置，並對任何索取金錢的訊息保持警惕，特別是加密貨幣或禮品卡的形式。

甚麼是最常見的網上商業詐騙手法？

等待上釣的網上大盜

由 2016 年至 2021 年期間，商業電郵詐騙攻擊造成全球企業逾 **430** 億美元損失

一直以來，黑客透過偽造電郵賬號及資訊，向企業進行商業電郵詐騙（Business Email Compromise, BEC）的情況相當普遍。據美國聯邦調查局（FBI）的報告顯示，在 2016 年 6 月至 2021 年 12 月期間，商業電郵詐騙攻擊對全球企業造成了逾 430 億美元損失。

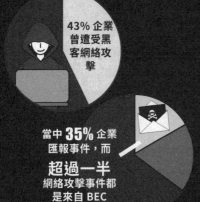

43% 企業曾遭受黑客網絡攻擊

當中 **35%** 企業匯報事件，而 **超過一半** 網絡攻擊事件都是來自 BEC

該報告指出，在 2021 年，43% 企業曾遭受黑客網絡攻擊，當中 35% 企業匯報事件，而超過一半網絡攻擊事件都是來自 BEC。在眾多 BEC 攻擊中，黑客多數針對企業和個人進行網絡釣魚詐騙，繼而闖入用家的賬戶，進行未經授權的資金轉移或欺騙其他用戶交出其個人訊息。

FBI 表示，BEC 攻擊深受網絡犯罪分子歡迎，因為他們可以針對一個賬戶，便可直接獲得網絡上大量訊息，利用這些訊息即可尋找新的目標，繼而操縱其他用戶。

存取權限管理之必要

網絡安全諮詢公司 LARES 高級安全顧問 Andy Gill 表示，一旦黑客獲得電郵的存取權限，他們將開始在收件箱中搜索「高價值線索」（high-value threads），例如收集供應商或公司其他員工的資訊，從而對更多人發動攻擊。

網絡安全諮詢公司 Delinea 首席安全科學家 Joseph Carson 建議，企業務須更加主動保護數據，以免未經授權的存取，例如須限制能夠存取個人訊息和企業數據的員工人數。

Joseph Carson 認 為：「一個強大的特權存取管理（PAM）解決方案，例如通過對特權賬戶增加額外的安全控制以及多因素驗證（MFA）和持續驗證，都可幫助減少 BEC 的風險。」他指出，通過少數特權原則進行存取管理，可減少黑客操縱員工資料的數量，並保障敏感信息被擄取。

22 世紀の
宏觀新世界

不思議の I
從 META
看「元宇宙」

不思議の II
「人工智能」
超越人類

不思議の III
「芯片」猶如
數碼石油

不思議の IV
疫情推動
「無人經濟」

不思議の V
全球減碳
與「電動車」
發展

不思議の VI
「氫能」革命
蓄勢待發

不思議の VII
「網絡安全」
保衛戰

22 世紀の
生活型態

5 大產業
超勢探討

加密貨幣造就洗錢活動？

加密貨幣之不法交易上升

近年加密貨幣愈趨盛行，被犯罪分子利用的情況亦相應上升。區塊鏈分析公司 Chainalysis 報告顯示，網絡犯罪分子在 2021 年利用加密貨幣洗錢的金額，高達 86 億美元，按年大增 30%。

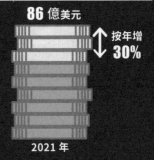

86 億美元

按年增 **30%**

2021 年

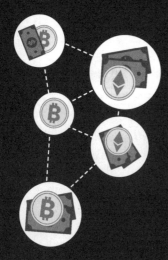

報告提到，自 2017 年以來，網絡犯罪分子利用加密貨幣洗錢已超過 330 億美元，當中大部分是轉移到「集中式交易所」（centralised exchanges）。Chainalysis 表示，由於 2021 年合法和非法加密貨幣活動都大幅增長，洗錢活動急劇增加亦是意料之內。在涉及洗錢的 86 億美元中，約有 17% 是用於「去中心化金融」（Decentralized Finance, DeFi）平台，比例較 2020 年急升 15%。

線下線上犯罪界線模糊不清

Chainalysis 強調，2021 年洗錢的 86 億美元是來自加密貨幣原生犯罪的資金，例如暗網市場銷售或勒索軟件攻擊，當中利潤部分是加密貨幣而不是法定貨幣。

然而，要掌握當中有多少錢是來自線下犯罪的法幣，例如傳統的毒品販運，再被轉化為加密貨幣來進行洗錢，則仍是不得而知。

NFT 交易存在釣魚詐騙漏洞？

與 NFT 相關案例

隨著「非同質化代幣」（Non-Fungible Token, NFT）愈趨普及，成為黑客目標進行網絡詐騙的機會亦大增。2022 年 2 月就有黑客利用 NFT 交易平台 OpenSea 的更新合約條款，向用戶發出類似官方合約更新的釣魚詐騙（Phishing）電郵。據區塊鏈安全服務機構 PeckShield 的調查所得，黑客針對 32 個 OpenSea 賬戶，由釣魚詐騙電郵竊取了 254 個 NFT。在被盜的 NFT 中，有來自 Bored Ape Yacht Club 和 Azuki 系列。Web3 is Going Great 博客的創建者 Molly White 估計，該被盜金額為 641 以太坊，約值 1,300 萬港元。

黑客針對 32 個 OpenSea 賬戶
由釣魚詐騙電郵竊取了 **254** 個 NFT
641 個
HKD1,300 萬

黑客行騙所用的大部分 NFT 合約均涉及 Wyvern Protocol 開源標準的漏洞，在成功哄騙目標人物簽署合約後，再透過漏洞將目標的 NFT 物品在未有付款的情況下轉移擁有權。受騙的 OpenSea 用戶情況猶如簽署了一張空白支票，任由黑客填寫銀碼。

不明攻擊惹隱憂

釣魚攻擊發生時，OpenSea 正在更新其合約系統，但 OpenSea 否認攻擊源頭是來自新合約。

OpenSea 的聯合創始人兼行政總裁 Devin Finzer 表示，仍不清楚這次網絡釣魚攻擊是在哪裡發生，但就認為 OpenSea 電子郵件並非這次攻擊的媒介。Finzer 指出：「我們並不知道有任何受影響的用戶，收到或點擊了可疑郵件中的連結。」OpenSea 指出其網站不是攻擊的載體，也沒有人利用該平台的 NFT 鑄幣、購買和銷售等功能的漏洞進行攻擊。

22 世紀の
宏觀新世界

不思議の I
從 META
看「元宇宙」

不思議の II
「人工智能」
超越人類

不思議の III
「芯片」猶如
數碼石油

不思議の IV
疫情推動
「無人經濟」

不思議の V
全球減碳
與「電動車」
發展

不思議の VI
「氫能」革命
蓄勢待發

不思議の VII
「網絡安全」
保衛戰

22 世紀の
生活型態

5 大產業
趨勢探討

網絡保鑣專才告急？

　　網絡保安是保護企業資產的重要一環，專業的網絡保安團隊須時刻守護企業所應用的網上系統，免受任何網絡攻擊。但全球「大辭職潮」下，人手不足問題同樣衝擊著網絡世界，有調查就發現，多達 54% 網絡安全專家有辭職的打算。

堵截與修復之必要

　　網絡安全團隊需要保安人員和開發人員互相協調，前者負責日以繼夜監控網絡，後者則負責修復任何安全漏洞，兩者都需要充足人手，以維持嚴謹的網絡保護機制。

人才流失致惡性循環

　　網絡安全調查機構 Cobalt 早前訪問了 600 多名保安人員和開發人員，以了解當前人才短缺對網絡安全界構成的挑戰。

Cobalt 的報告提到，在人才短缺的情況下，有 79% 保安人員表示難以持續監測漏洞，尤其當頻寬（Bandwidth）不足時，數碼資產更容易暴露並且受黑客攻擊。

79% 的人表示難以持續監測漏洞

再者，即使保安人員發現漏洞，並立即向開發人員尋求協助，但由於開發團隊同樣面對人手不足問題，80% 保安人員認為這也影響了程式碼編寫的質量以至其安全性。

80% 認為程式碼的質量和安全性受到影響

另一方面，有 97% 開發人員表示，保安人員不足致使他們難以在最後限期前推出網絡修復程式。結果造成一個惡性循環。人手不足問題使漏洞修復措施被延誤，而新程式碼因質量問題又可能導致更多可攻擊的缺陷，最終令漏洞變得更嚴重。

97% 指出人員不足致使他們難以在限期前推出網絡修復程式

在有限的資源和團隊合作的壓力下，網絡安全團隊已感到極大的怠倦感。58% 受訪者表示目前正經歷以上情況，63% 的人則認為心理健康已受到影響，64% 的人甚至說工作壓力已影響到身體健康，54% 人表示已有辭職的打算。

58% 表示極有怠倦感

63% 表示壓力影響心理

64% 表示壓力影響健康

54% 表示打算辭職

科技巨頭如何聯手保障網絡安全？

推行無密碼登錄

　　科技巨頭對全球網絡安全肩負著重要責任，蘋果（Apple）、Google 及微軟（Microsoft）已計劃在旗下設備和平台上，實施由安全機構 FIDO 和萬維網聯盟（World Wide Web Consortium）創建的「通用無密碼登錄標準」（common passwordless sign-in standard）新功能，讓用戶在不同設備上進行「無密碼化」登錄。

　　「無密碼化」是指利用手機等裝置以生物識別技術，例如人臉或指紋作為驗證手段以登入應用系統，而不必再輸入傳統的密碼。從理論上說，將用戶定向到虛假網站以獲取密碼的網絡釣魚攻擊將更難實施。

生物識別跨平台保障

22 世紀の
宏觀新世界

不思議の I
從 META
看「元宇宙」

不思議の II
「人工智能」
超越人類

不思議の III
「芯片」猶如
數碼石油

不思議の IV
疫情推動
「無人經濟」

不思議の V
全球減碳
與「電動車」
發展

不思議の VI
「氫能」革命
蓄勢待發

不思議の VII
「網絡安全」
保衛戰

22 世紀の
生活型態

5 大產業
趨勢探討

　　蘋果、Google 及微軟負責這套新功能的開發，於 2022 年內開始，在各大平台及設備上實現無密碼化登錄，當中有兩項新特點：

　　第一，允許用戶在其設備上自動存取他們的 FIDO 登錄憑證，而不必為每個賬戶重新註冊。

　　第二，用戶能夠在其移動設備上使用 FIDO 認證，來登錄附近設備上的任何應用程式或網站，而這些設備無論是運行甚麼作業系統或瀏覽器都是適用的。

　　用戶毋須再使用不可靠的密碼，而是通過指紋識別或人臉識別等方式，以更簡單又更安全的身分認證去登錄不同平台。這些主要設備平台包括 Android 和 iOS 移動操作系統、Chrome、Edge 和 Safari 瀏覽器；以及 Windows 和 macOS 等桌上作業系統。

PART 2
22 世紀 の
生活型態

5大
科技與經濟產業
趨勢探討

產業趨勢

1 「虛擬偶像」的崛起

「追星」本身是一種人類情感投射、尋求自我認同的行為，和真人偶像一樣，「虛擬偶像」（Virtual Idol）都有類似作用，就是給予粉絲寄託某種特殊情感的載體。

從粉絲角度，虛擬偶像的美好，在於其虛擬屬性，能夠使粉絲從生活的煩瑣中抽離，沉醉於這個完美、不老的虛擬偶像身上。

虛擬偶像並不具備實體形式的軀體，「他／她」是通過繪畫、音樂、動畫、CG等形式製作，透過網絡等虛擬場景或結合現實場景進行演藝活動（例如唱歌、跳舞）與人互動。

最為人熟悉的虛擬偶像，必然是日本的「初音未來」，因為她是全世界上第一個使用全息投影技術舉辦演唱會的虛擬偶像，亦是由她開始，正式在全球掀起虛擬偶像產業的革命。

🔒 zh.m.wikipedia.org/zh-hk/初音未來

設定

初音未來的角色設置年齡為16歲、生日8月31日，身高與體重則分別是158cm與42kg，擅長流行歌曲、搖滾樂和舞蹈[6]。官方表示初音未來擅長由1980年代至最近的流行歌曲。擅長的節奏大約在70～245BPM之間（原設置為70～208，但《初音未來的消失》節奏高達240，突破原本的208），擅長的音域則在A3～E5之間（原設置為C3～E4[18]。實際軟件的最高極限和最低極限分別是G8和C-2，高過或低過某一定音高後的輸出效果會開始變得不理想，甚至聲音變小）[6]。

衣服和機械部分以やまは於1983年發售的DX系列（日語：ヤマハ・DXシリーズ）為藍本[20]。左臂「01」的初期設置是一個QR碼[14]，衣服的原設計則是水手服，但Crypton覺得不夠好而轉為現在的衣服設計[13]。人物設計上比2004年的MEIKO偶像[7]，在只有基本設置、「不完全」的人物設計下，對創作者而言強求「原設置」並沒有意義，而且初音未來和原聲音的藤田咲的關聯印象不大，創作沒有太大束縛，用戶因此容易對「自己創造的初音未來」產生感情，而產生出大量作品[21][22]。

初音未來最初的人物形象設計，由KE繪製

（網上圖片：維基百科「初音未來」）

虛擬偶像始祖：初音未來

於 2007 年誕生的初音未來，始於日本 ACG（Animation、Comics、Games）文化。自從 2010 年 3 月 9 日，初音未來在日本舉行首場 3D 全息投影演唱會，現場逾 5,000 名少男少女為她瘋狂吶喊後，其人氣便一發不可收拾，先後在日本、美國、新加坡等地舉辦數十場巡迴演唱會，成名曲《甩蔥歌》更俘虜了全球億萬粉絲。

作為永遠 16 歲、不會變老、不知疲倦的完美偶像歌手，初音未來的出現，除吸引了年輕人的關注，更令不少從未認識電子音樂的人，開始接觸電子音樂創作，同時亦令繪畫和動畫創作得到更多人的參與。

初音未來並非第一個可以模仿人類歌唱的軟件，但能夠如此成功，是由於其像真度比以往同類軟件高，加上 CG 等動畫形象的配合宣傳，所以在日本掀起了業餘音樂製作的革命。

（網上圖片：《甩蔥歌》YouTube MV）

在日本爆紅後，初音未來開始走出國際，並展現出巨大的商業價值，不單曾受美國著名歌手 Lady Gaga 的邀請成為其演唱會的開場嘉賓，更獲得著名時裝品牌 LV 設計師的訂製套裝，與《黑寡婦》女主角施嘉莉‧祖安遜（Scarlett Johansson）一起拍攝廣告，風頭一時無兩。

（網上圖片：nbcnew 新聞截圖）

22 世紀の
宏觀新世界

不思議の I
從 META
看「元宇宙」

不思議の II
「人工智能」
超越人類

不思議の III
「芯片」猶如
數碼石油

不思議の IV
疫情推動
「無人經濟」

不思議の V
全球減碳
與「電動車」
發展

不思議の VI
「氫能」革命
蓄勢待發

不思議の VII
「網絡安全」
保衛戰

22 世紀の
生活型態

5 大產業
趨勢探討

（網上圖片：央視春晚節目截圖）

至於近年在中國內地爆紅的虛擬偶像「洛天依」，其知名度之高讓她獲得央視「邀請」，在2021年的春節聯歡晚會和真人歌手一同獻唱。

海外較知名的虛擬偶像，則有由《英雄聯盟》（*League of Legends*）推出、以四名女性角色組成的 K/DA 女團，她們憑著《POP/STARS》一曲，在 YouTube 上獲得超過 4.5 億次的點擊率。

（網上圖片：K/DA《POP/STARS》 MV 宣傳圖）

美國粉絲
參與虛擬偶像的
互動率，
約為真人偶像的
3 倍

hello!

:)

hi ～

nice^^

社交分析平台 HypeAuditor 的報告顯示，在 Instagram 上，美國粉絲相當積極參與虛擬偶像的內容發布，其互動率約為真人偶像的 3 倍，核心粉絲群體為 18 至 24 歲的女性，反映在社交媒體的大背景下，虛擬偶像更受 Z 世代年輕人的關注。隨著 Z 世代陸續加入消費鏈，疊加網絡和影像音頻技術的進步，虛擬偶像絕對是新經濟產業的重要寶藏之一。

科網巨頭加速虛擬偶像產業

22 世紀の
宏觀新世界

不思議のI
從 META
看「元宇宙」

不思議のII
「人工智能」
超越人類

不思議のIII
「芯片」猶如
數碼石油

不思議のIV
疫情推動
「無人經濟」

不思議のV
全球減碳
與「電動車」
發展

不思議のVI
「氫能」革命
蓄勢待發

不思議のVII
「網絡安全」
保衛戰

22 世紀の
生活型態

5 大產業
趨勢探討

新經濟產業研調機構 iiMedia Research 公布的《2021 中國虛擬偶像行業發展及網民調查研究報告》（下稱《報告》）指出，中國虛擬偶像產業已逐漸走入發展的高峰期。2020 年中國虛擬偶像核心產業規模為 34.6 億元（人民幣，下同），按年增長 70.3%，2021 年則達到 62.2 億元。

34.6 億美元
2020 年

62.2 億美元
2021 年

隨著商業價值被不斷發掘，愈來愈多企業都將其業務與虛擬偶像聯繫起來，當中所帶動的產業規模，由 2020 年的 645.6 億元，激增至 2021 年的 1074.9 億元。

645.6 億美元
2020 年

1074.9 億美元
2021 年

為分這龐大市場的一杯羹，過去數年，騰訊和網易等中國科網巨頭都加速發展虛擬偶像產業，例如騰訊遊戲推出「貂蟬偶像計劃」，並在《創造營》決賽中推出《王者榮耀》5 個虛擬偶像（「無限王者」白、亮、信、雲、守約）；騰訊音樂娛樂亦與虛擬演出服務商 Wave 達成商業合作，並進行股權形式投資，共同為 TME 旗下的創新演出品牌 TME Live 開發高品質虛擬演唱會內容。

RiCH BOOM 全新EP单曲

炸裂首发

愛奇藝—RiCH BOOM

（網上圖片）

網易遊戲亦推出《陰陽師》「平安京偶像計劃」；巨人網絡則斥資1億元進軍虛擬偶像市場，並打造首位虛擬主播「Menhera醬」；愛奇藝就推出原創潮流虛擬偶像廠牌 RiCH BOOM，並於內地熱播的綜藝節目《青春有你》、《中國新說唱》等頻頻曝光；樂華娛樂也推出女子虛擬偶像團體 A-SOUL，「出道」僅數月粉絲數量已突破百萬人。

除了科網公司在娛樂和遊戲領域上應用虛擬偶像外，愈來愈多公司品牌亦自創虛擬偶像IP（Intellectual Property）作市場營銷之用。例如連鎖日用品店屈臣氏（Watsons）推出了 AI 品牌代言人「屈臣曦」，與自家大數據系統融合，為顧客提供專業和個性化的諮詢服務，在社交網絡平台上引起了不少關注。

屈臣氏—屈臣曦

（網上圖片）

樂華娛樂—A-SOUL

乐华娱乐首个虚拟偶像企划

YUE HUA ENTERTAINMENT / THE FIRST VIRTUAL IDOL PROJECT

（網上圖片）

虛擬偶像受歡迎解構

22 世紀の
宏觀新世界

不思議の I

從 META
看「元宇宙」

不思議の II

「人工智能」
超越人類

不思議の III

「芯片」猶如
數碼石油

不思議の IV

疫情推動
「無人經濟」

不思議の V

全球減碳
與「電動車」
發展

不思議の VI

「氫能」革命
蓄勢待發

不思議の VII

「網絡安全」
保衛戰

　　像初音未來一類的虛擬偶像，本身是由官方提供聲庫、初始形象和基本人設，但後續則主要靠民間的創作者們不斷補充，從喜好、聲線、個性等進行二次創作，為虛擬偶像帶來源源不斷的生命力，塑造出粉絲們心中的完美偶像，屬於「去中心化」環境下所誕生出的產物。

　　北京市文化創意產業研究中心主任郭萬超指出，「人們喜歡虛擬偶像是因為虛擬的東西更容易塑造，更容易滿足人們的文化消費心理，人們在現實世界找不到的東西可以在虛擬偶像身上尋找，滿足人的完美主義情結。」

　　相比起真人偶像高高在上、遙不可及的距離感，虛擬偶像為粉絲提供了陪伴感，並賦予粉絲更多參與的空間與選擇權，從而極大地增強了粉絲對偶像的情感歸屬與集體認同。

　　虛擬偶像成功的核心原因，正是其「人物設定」可以根據市場需求而作出更快速的反應，更好地回應當代年輕人的需求。

　　這正好對應《報告》中網民喜歡虛擬偶像的理由，53.2% 表示是出於其形象設計，50.5% 是因為性格、定位等人物設定。虛擬偶像或許沒有真人的思想，但根據粉絲的集體意志需求所策劃的偶像形象，正好能最大程度地滿足粉絲的想像，這都有利於積累更龐大的粉絲群體，繼而轉化成商業變現的流量。

虛擬偶像的商業變現價值

要設計一個虛擬偶像，最初必先定好明確的受眾群體和主攻領域，網民通常會根據不同喜好劃分成不同的圈子或群組，所以無論是個體戶還是企業，都會在特定圈子來發布虛擬偶像的內容作曝光宣傳，並透過各項公關手段和活動引發迴響。

當累積一定的關注和流量後，虛擬偶像 IP 會開始進行商業化變現，並一步步形成以虛擬偶像 IP 為核心的生態圈。虛擬偶像粉絲之所以會喜愛同一虛擬偶像，是由於有共同的追求，這正好有利商業用途上準確將目標群眾圈到一起，並透過在群內促進用戶活躍交流，以獲得更多的變現轉化。

和真人偶像類同，虛擬偶像的商業變現，主要有兩個途徑：一是從商業端（Business）通過品牌代言、聯動、宣傳合作上賺取收入；二是利用顧客端（Customers）例如遊戲、演唱會、周邊產品販賣等領域獲利。

商業變現途徑一：商業端

通過品牌代言、聯動、宣傳合作上賺取收入

但相比起傳統偶像經濟上的「偶像—付費—粉絲」這種單向發展模型，虛擬偶像更多了一層「內容生產」的部分，粉絲能夠實時地參與虛擬偶像的形象塑造和養成，從中增強對虛擬偶像的情感歸屬和集體認同感，甚至可借助平台和技術創作出自己的音樂作品，是一個雙向互動、自助成長的發展模式。

選擇虛擬偶像作代言的優勢

不管是真人明星還是虛擬偶像，消費者都會關心代言人和品牌、產品之間的連結程度和共鳴感，以及代言人本身的形象設定。站在企業品牌的角度，會選擇虛擬人物作為代言人的最大誘因，是虛擬人物擁有比真人偶像更安全穩定的形象設定，更容易操作和控制，不存在形象崩塌的風險。

公眾對於明星藝人的道德與行為定有要求，目光都會聚焦在其日常舉動上，偶像在外界的形象，都令背後的商業利益帶來某程度

商業變現途徑二：顧客端

遊戲、演唱會、周邊產品販賣等領域獲利

22 世紀の
宏觀新世界

不思議のⅠ
從 META
看「元宇宙」

不思議のⅡ
「人工智能」
超越人類

不思議のⅢ
「芯片」猶如
數碼石油

不思議のⅣ
疫情推動
「無人經濟」

不思議のⅤ
全球減碳
與「電動車」
發展

不思議のⅥ
「氫能」革命
蓄勢待發

不思議のⅦ
「網絡安全」
保衛戰

22 世紀の
生活型態

5 大產業
趨勢探討

上的不確定性。就像 2021 年中國內地女星、Prada 代言人鄭爽的「代孕棄養風波」，因為形象插水及受到網絡民眾大大小小的抨擊，結果令 Prada 陷入輿論壓力和股價危機，最終決定解除與鄭爽的合作關係。

另一方面，以真人偶像作為代言人的話，起碼要花數十萬、甚至過百萬元的代言費，是不可小覷的開支。但使用虛擬偶像作代言人的話，就能省下不少了。

歸納以上因素，從形象、風險性、成本等考慮來看，將虛擬偶像商業化變現的價值，明顯遠高於傳統的真人偶像。

虛擬偶像普及化的障壁

既然虛擬偶像擁有眾多優點，在市場需求層面上，真人偶像被取代是否必然大勢？這又未必。以下從虛擬偶像先天的缺點去分析。

首先，由於虛擬偶像是利用一堆程序設定去表現出喜、怒、哀、樂等情緒，和人類自然流露的情感明顯有一定差別，尤其在一些現場的營商活動上，虛擬偶像的表現總予人一種違和感。例如，初音未來和洛天依都曾參加中國電商平台的直播活動，但與真人主播的反應靈活度相比，虛擬偶像明顯互動性弱、無法即時回應觀眾的問題，而在帶貨環節也只能作出平實的商品講解，無法親自為商品作開箱測試，這和真人能夠現場試吃試喝的表現，是無法比擬的。這種互動上的距離感，成為虛擬偶像完全走進大眾視野的最大障礙。

第二，虛擬偶像背後所涉及的技術，包含了 AI、AR/VR 和 5G 技術，其研發成本的投入額度，是主導著能否發展出更符合「人性」的虛擬偶像的前提。以中國內地虛擬偶像單曲製作為例，包括編曲、建模、形象設計、舞台方案訂製等，成本便達 200 萬元人民幣，而且還未計算流量傳播等方面的費用。虛擬偶像初始養成階段所需投入的成本，都會比真人偶像更高，一旦投資後無法成功變現，便帶來不少損失，因而令投資者有所卻步，這種市場資源投放與收入之間的不確性風險，影響著虛擬偶像在技術層面上的進化。

　　更重要的是，相比起真人偶像可以通過電影、電視劇、綜藝節目、歌曲等途徑去提高曝光率來吸引流量，繼而增強變現能力的全面性，虛擬偶像至今主要以唱歌這一板斧去獲取新粉絲，尤其當每間公司都將虛擬偶像的人設塑造打造得千篇一律時，這都會造成粉絲流量的分流，且無法維持持久的曝光率，結果就直接影響了流量變現和內容變現能力，這一困局都是虛擬偶像產業發展必要跨越的障礙。

　　但無法否認的是，當科技愈來愈進步，真實與虛擬的界限都會顯得更加模糊，虛擬偶像若要成功，必須要在「虛擬」和「偶像」兩者兼容性上作出平衡，並注入「人性」。

　　虛擬偶像的背後，實質上也是以人為主的團隊，團隊如何去詮釋「人性」並結合「技術」和「美感」，也就決定了虛擬偶像的吸引力，大眾能夠從虛擬偶像身上看到甚麼、獲得多大的滿足感及認同感等，這主導著虛擬偶像能夠在文化和商業道路上走到多遠。

22 世紀の
宏觀新世界

不思議のI
從 META
看「元宇宙」

不思議のII
「人工智能」
超越人類

不思議のIII
「芯片」猶如
數碼石油

不思議のIV
疫情推動
「無人經濟」

不思議のV
全球減碳
與「電動車」
發展

不思議のVI
「氫能」革命
蓄勢待發

不思議のVII
「網絡安全」
保衛戰

22 世紀の
生活型態

5 大產業
趨勢探討

2 「顏值經濟」的發展

你認同「俊男美女比長相一般的人，擁有更大的人生優勢」嗎？

漂亮的外表，往往在茫茫人海中顯得格外出眾，更容易受到注目，回頭率亦較高，這有利人際關係上「贏在起跑線」，甚至在工作中脫穎而出⋯⋯

以上說法也並非只是純粹感覺，《經濟學人》便曾發表相關研究理論，並形容高顏值產生的經濟好處為「美貌溢價」（Beauty Premium）。

美國經濟學家 Daniel Hamermesh 提出的「美貌經濟學」（Economics of Beauty）更開宗明義指出，「顏值」和「終生勞動力總收入」兩者具有強烈的正相關性。

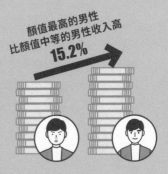

顏值最高的男性比顏值中等的男性收入高 **15.2%**

顏值最高的女性比顏值中等的女性收入高 **11.1%**

由韓國經濟學家 Soohyung Lee 和 Kenunkwan Ryu 撰寫的論文《婚姻和勞動力市場的整容手術效應》中，研究指出顏值最高的男性收入比顏值中等的男性收入高 15.2%，顏值最高的女性收入比顏值中等的女性收入高 11.1%。既然顏值高帶來那麼多好處，「醫學美容」自然受人趨之若鶩，並促使近年有所謂「輕醫美」的盛行。

男女醫美各有偏好

醫學美容（「醫美」）主要分為手術類和非手術類。手術類醫美，是通過手術形式進行人體形態修復或者是重塑，又稱「重醫美」；非手術類醫美即是「輕醫美」，以微整形為主，皮膚管理、注射填充劑、口腔美容、毛髮移植、五官埋線等都屬於這個範疇。

近年輕醫美憑借創傷小、恢復期短、效果顯著、價格及風險較低等特性，愈來愈受大眾青睞。

《2021 年中國輕醫美行業研究及產業鏈分析報告》顯示，26 至 40 歲的女性是輕醫美的消費主力，調查也發現消費群體呈現年輕化，以及男性醫美群體有明顯增長的趨勢。

在客單價格和消費頻率上，輕醫美的每次平均消費價格大約是 3,000 至 4,000 元（人民幣，下同），超過 8 成輕醫美用戶會周期性進行輕醫美項目，其中 36.1% 用戶會半年消費一次，23.6% 用戶一年一次，而 18.6% 用戶每季度消費一次。輕醫美項目周期性消費特點突出，反映了客戶對輕醫美產品的黏性較高，而且消費者在輕醫美上的花費是屬於持續性的。

重醫美

輕醫美

皮膚管理

注射填充劑

毛髮移植

口腔美容

五官埋線

22 世紀の
宏觀新世界

不思議の I
從 META
看「元宇宙」

不思議の II
「人工智能」
超越人類

不思議の III
「芯片」猶如
數碼石油

不思議の IV
疫情推動
「無人經濟」

不思議の V
全球減碳
與「電動車」
發展

不思議の VI
「氫能」革命
蓄勢待發

不思議の VII
「網絡安全」
保衛戰

22 世紀の
生活型態

5 大產業
趨勢探討

至於男性方面，則偏好重醫美，在醫美項目的花費會較高。根據 Mob 研究院數據，女性醫美項目花費金額大多處於 5,000 元以下，多數是做光子嫩膚、水光針和瘦臉針等；男性醫美項目花費金額則多處於 5,000 元以上，傾向做隆鼻、植髮和雙眼皮等。鑑於輕醫美的花費都是持續性的，重醫美的花費則多數是一次性，所以如果以整體療程去考量，女性在總花費上未必少於男性。

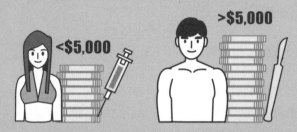

另一現象是，相比起中年男性，年輕男性對提升自身顏值的需求普遍較大，並傾向會將這份需求轉化成消費之上，《2020 中國男性顏值經濟發展專題研究報告》的結果正好支持這觀點。該報告反映 74.4% 25 歲以下的男網民對提升顏值持積極態度，並且 76.8% 有購買男性顏值產品（包括個人護理用品）的需求；45 歲以上男性網民的消費需求轉化率最低，即使有逾 60% 男性表示支持提升自身顏值的需要，但只有不到 40% 願意購買顏值產品。

《2020 中國男性顏值經濟發展專題研究報告》分析

25 歲以下
男網民

74.4%
對提升顏值持
積極態度

76.8%
有購買男性顏值
產品的需求

45 歲以上
男網民

>60%
支持提升
自身顏值

<40%
願意購買
顏值產品

社交媒體助長「顏值經濟」

社會上醫美盛行，或許是時代因素影響價值觀使然。隨著社交網絡興起，在直播視頻、KOL 當道的移動互聯網推波助瀾下，年輕人都習慣 P 圖（即修圖）及將自拍美照等上載來收割朋友圈的「讚好」（Like），在這種心理和社會氛圍下，對自我顏值方面要求以致消費自然會愈來愈多。

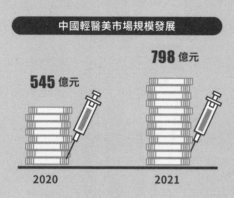

中國輕醫美市場規模發展

545 億元
2020

798 億元
2021

即使 2020 年受新冠疫情影響下，中國輕醫美市場規模仍達 545 億元，隨著疫情防控常態化和經濟回暖，輕醫美行業繼續推進發展，市場規模於 2021 年達到 798 億元，按年增長 46.4%。

「顏值經濟」能夠在內地近年興起，亦可歸因於整體國民收入上升，以及 90、00 後年輕群組逐步成為消費主力。當一個國家的人均 GDP 超過 5,000 美元後，居民消費升級就會走上高速跑道，這促使消費者為變美而消費的意識也愈來愈強，而中國早於 2011 年已達標，現時人均 GDP 更達 10,000 美元以上，當中一、二線城市甚至達到 20,000 美元，可說是處於中、高端消費的快速上升期。

對自身形象的重視，亦帶動個人對地位和身分的認同感，刺激人們愈來愈關注顏值消費。下巴變尖、瘦身纖腿、抗衰老等，都是輕醫美用戶常見的變美訴求，當中抗衰老更是覆蓋全部年齡群組，而且出現年輕化趨勢。

22 世紀の
宏觀新世界

不思議の I
從 META
看「元宇宙」

不思議の II
「人工智能」
超越人類

不思議の III
「芯片」猶如
數碼石油

不思議の IV
疫情推動
「無人經濟」

不思議の V
全球減碳
與「電動車」
發展

不思議の VI
「氫能」革命
蓄勢待發

不思議の VII
「網絡安全」
保衛戰

22 世紀の
生活型態

5 大產業
趨勢探討

隨著處於學習、工作、生活競爭高峰期的 90、00 後投身社會，他們開始獲得賺錢能力的同時，亦容易因面對求職和婚戀的社會壓力而產生「顏值焦慮」，市場的輕醫美抗衰老產品正好把握這個龐大商機，迎合年輕化的大勢，透過線上社交媒體作出「病毒式營銷」（Viral Marketing），擴大線上醫美的市場發展。

不難發現，近年愈來愈多 KOL 和明星化身為「帶貨達人」，為企業或自家品牌向網民推銷醫美產品或服務。由於他們擁有至少數以萬計的粉絲，在網上進行直播或發布帖文，以真人真事形式分享自身使用某些醫美項目後的成果，就很容易獲得粉絲們的追隨應用。例如在小紅書上，單是「你經歷過醫美嗎？」這個話題就已錄得 20 萬條討論，並接近 6 億瀏覽量。嘗試過醫美的人坦然分享自己整容前後的對比照，記錄自己的心路歷程，都助推了有意嘗試醫美項目的人

面對婚戀

面對求職

「顏值焦慮」

話題引發出的
群體廣告作用

你經歷過醫美嗎？

200K 條討論

6 億瀏覽

「帶貨達人」

GOOD LOTION

中國內地醫美相關企業的註冊量

>5,000 間

>8,000 間

8,007 間

2016　　　　2018　　　　2020

作出光顧。當粉絲們將這些資訊積極轉傳開去，就會引發出更大的群體廣告作用，進一步助長顏值經濟的發展規模。

過去 10 年，中國醫美相關企業的註冊量總體逐年增長，2016 年新註冊量突破 5,000 間，2018 年突破 8,000 間，在疫情陰霾下的 2020 年仍然新註冊了 8,007 間。

一個完整的醫美產業，是由互聯網平台、醫美機構、醫生和消費者共同組成的生態圈，當中作為核心部分的互聯網平台，以內地市場為例，除了已屹立多年的新氧、更美、悅美等垂直醫美平台外，近年各大科網巨頭包括阿里巴巴、京東、美團，以及紅杉資本、經緯、IDG 等投資機構都跨界闖入其中，而恒大和蘇寧等產業資本也有涉足醫療業務，毫無疑問，醫美市場的競爭已進入白熱化階段。

22 世紀の
宏觀新世界

不思議のⅠ
從 META
看「元宇宙」

不思議のⅡ
「人工智能」
超越人類

不思議のⅢ
「芯片」猶如
數碼石油

不思議のⅣ
疫情推動
「無人經濟」

不思議のⅤ
全球減碳
與「電動車」
發展

不思議のⅥ
「氫能」革命
蓄勢待發

不思議のⅦ
「網絡安全」
保衛戰

22 世紀の
生活型態

5 大產業
趨勢探討

「黑醫美」不容忽視

社交媒體的廣泛及快速傳播特性，一方面令醫美項目愈來愈容易進入大眾視野，但亦代表負面消息一旦出現，同樣可以快速地對行業形象造成深遠影響。加上行業本身尚未完全成熟，更容易勸退消費者，不利於行業長遠發展。

中國整形美容協會於 2021 年 4 月發布的《醫學美容網絡輿情與風險預警簡報》便指出，「毀容、整容失敗、央視曝光的幽靈手術等相關負面信息，已成為社會關注熱點。短短一個月內，醫學美容行業不良事件報道共 5,278 條。其間，不良事件相關的醫療服務或產品，主要有熱瑪吉（Thermage）、隆鼻、玻尿酸、超聲刀、美白針、脂肪填充等，其中，熱瑪吉、隆鼻兩個項目的負面報道依然排在首位。」

每年因整形美容而導致毀容的接近 **2 萬**宗案例，**90 至 95%** 是因為「黑醫美」

醫美屬於特殊行業，有別於普通商品和服務，本身具有消費和醫療雙重屬性，這意味著產業的發展不能只追求消費端的增長，同時還需要兼顧醫學安全的考量。近年因醫美療程而致傷害甚至死亡的個案屢見不鮮。根據中國消費者協會統計，平均每年因整形美容而導致毀容的案例接近 2 萬宗，當中 90 至 95% 是因為用上非正規的醫美項目，即俗稱「黑醫美」（包括所謂的「黑診所」、「黑醫生」、「黑產品」和「黑 App」）。

最令人震驚是，《中國醫療美容行業洞察白皮書（2020 年）》發現，中國具備合法醫療美容資質的機構約 13,000 間，其中卻逾 2,000 間存在超範圍經營現象，而非法經營的醫美機構店舖數量超過 8 萬間，一算之下，合法合規的醫美機構佔比只有約 11.8%。

= 10,000 間　非法經營的醫美機構店舖

非法經營的醫美機構店舖數量超過 80,000 間

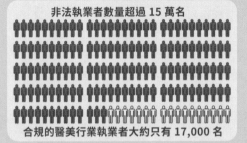

非法執業者數量超過 15 萬名

合規的醫美行業執業者大約只有 17,000 名

非法注射針劑的問題

市面上流通的醫美用針劑正品率只有 33.3%

近五成用戶曾經注射過非法針劑

注射過肉毒素的醫美用戶中，有 48.4% 注射的是非法品牌

至於「黑醫生」方面，《中國醫美「地下黑針」白皮書》就透露，中國合規的醫美行業執業者大約有 17,000 名，但非法執業者數量超過 15 萬名，幾乎是合規醫師的 9 倍，絕對可以用「劣幣驅逐良幣」來形容。

調查亦發現，非法注射針劑的問題相當嚴重，市面上流通的醫美用針劑正品率只有 33.3%，這意味著即每 3 支針劑中就有 2 支是水貨、假貨等非法針劑。而且有近五成用戶曾經注射過非法針劑，如美白針、溶脂針、少女針等，此類針劑類型沒有通過國家藥監局（NMPA）認證，當中注射過肉毒素的醫美用戶中，有 48.4% 注射的是非法品牌。

22 世紀の宏觀新世界

不思議のI
從 META看「元宇宙」

不思議のII
「人工智能」超越人類

不思議のIII
「芯片」猶如數碼石油

不思議のIV
疫情推動「無人經濟」

不思議のV
全球減碳與「電動車」發展

不思議のVI
「氫能」革命蓄勢待發

不思議のVII
「網絡安全」保衛戰

22 世紀の生活型態

5 大產業趨勢探討

相比之下，醫美光電設備的「黑心」情況則較為輕微，由於這是醫療器械範疇，國家有較嚴格的監管，廠商與經銷商只能售賣給合法經營的醫美機構。而為確保設備的合法合規，在機身上都設有二維碼可溯源設備的歸屬機構和正品情況。

為整頓醫美產業良莠不齊的情況，中央政府近年對醫美行業的監管趨於嚴格和規範化，並推出一系列法律法規，例如 2017 年的《中國整形美容協會醫療美容機構評價工作管理辦法》及 2020 年的《關於進一步加強醫療美容綜合監管執法工作的通知》，用以打擊黑醫美，進一步加強可用於醫療美容藥品零售使用環節的監督管理，從而保障公眾用藥安全，也確保醫學美容服務、藥品和醫療器械的合法生產及使用，與此同時規範醫學美容的廣告發布，並強調「嚴厲打擊非法醫學美容」。

針對「黑 App」的整形日記及直播造假的情況，2021 年 5 月國家互聯網信息辦公室、公安部、商務部等七部門亦聯合發布了《網絡直播營銷管理辦法（試行）》，明確指出平台、主播等各方的責任，藉此加強對消費者的保障。

但要貫徹以上法規的執行，除了相關部門須加強監管外，醫美產業鏈上的所有參與者包括線上平台、醫美機構、整形醫生和消費者，都要加強自律，一同推動整個行業的線上化、平台化、規範化、專業化發展。

22 世紀の
宏觀新世界

不思議の I
從 META
看「元宇宙」

不思議の II
「人工智能」
超越人類

不思議の III
「芯片」猶如
數碼石油

不思議の IV
疫情推動
「無人經濟」

不思議の V
全球減碳
與「電動車」
發展

不思議の VI
「氫能」革命
蓄勢待發

不思議の VII
「網絡安全」
保衛戰

22 世紀の
生活型態

5 大產業
趨勢探討

產業趨勢 3 「寵物經濟」的蓬勃

「養狗守門口、養貓捉老鼠」是過往人們對飼養寵物的首要目的，但現在無論是男女老少、不分年齡和性別，對很多人來說，家中的寵物在人們眼中已有新的定義，牠們都被視為——家人。

身處現今社會，無時不刻都充滿壓力，人與人之間的溝通，有時出於個人的安全感，都難免需要作出偽裝，掩飾真我……但當面對寵物時，你永遠可以流露最自然、最真實的自己。寵物是人類最忠誠的夥伴。

獨身主義抬頭

很多單身人士都會飼養寵物以緩解孤獨感，這一因素促使「寵物經濟」高速發展。以內地情況為例，根據《中國統計年鑒2020》資料，2019 年 15歲以上未婚人口總數超過了 2,000 萬，到 2021 年獨居人數達到 9,200 萬，佔中國總人口 6% 以上，比德國人口數量還要多。

到 2021 年獨居人數達到 **9,200 萬**，
佔中國總人口 **6%** 以上

每隻寵物的
年均消費增長了
53%

2017 年　　　　2020 年

隨著中國近年經濟崛起，人均收入和生活質量都有顯著提升，帶動了消費者在寵物上的花費金額，從 2017 年到 2020 年，中國每隻寵物的年均消費增長了 53%，達到 6,653 元（人民幣，下同）。前瞻產業研究院指出，到 2023 年中國寵物經濟達到 4,723 億元，是 2019 年的兩倍。

單身貴族的消費模式與傳統家庭相當不同，由於比較少家庭負擔，毋須花錢在養兒育女身上，他們在精神上的消費顧慮較少，而且相對上物質方面的消費能力較強，因此單身人士的邊際消費普遍高於非單身人士。當然，單身生活看似瀟灑寫意，但單身生活久了，也會感到孤單寂寞，於是很多單身人士都會飼養寵物以緩解這份孤獨感，所投放的精神、金錢和時間，甚至是非一般的巨大，而他們亦享受寵物對自己情感上的回饋，這種雙向互動正是促進寵物經濟發展的持續模式。

不少單身男女比起出外逛街，或更喜歡留在網絡上社交，因此被稱為「宅男宅女」。這並非指他們都不愛外出，只是未必擅長以面對面的方式在現實世界中表現自己。飼養寵物不單止令他們體會到陪伴和被需要的感覺，更重要是可以借助網絡社交平台，分享他們與寵物的

可愛合照和互動短片等，這亦讓他們找到一種適合自己與世界溝通的方式。可以預見的是，單身人群的擴大及其消費特性，會繼續為寵物經濟帶來助力。

22 世紀の
宏觀新世界

不思議の I
從 META
看「元宇宙」

不思議の II
「人工智能」
超越人類

不思議の III
「芯片」猶如
數碼石油

不思議の IV
疫情推動
「無人經濟」

不思議の V
全球減碳
與「電動車」
發展

不思議の VI
「氫能」革命
蓄勢待發

不思議の VII
「網絡安全」
保衛戰

22 世紀の
生活型態

5 大產業
趨勢探討

人口老化趨勢

除了愈來愈多人選擇單身外，人口老齡化是另一個刺激寵物經濟的因素。身邊沒有子女在旁、又或老伴已經離去，心中那份空虛感，透過飼養寵物來填補，未嘗不是好方法。

經濟學人智庫（EIU）中國首席分析師蘇月指出，到 2030 年中國老齡人口佔比（65 歲及以上人口佔比）將達到 18%，相當於西班牙和挪威當前的水平，即大約每 6 人就有 1 人年齡達到 65 歲以上。全國老齡辦更預測，在 2015 至 2035 年期間，中國老年人口將以年均 1,000 萬人的速度增長，不難想像人口老化為寵物經濟帶來的市場潛力有多大。

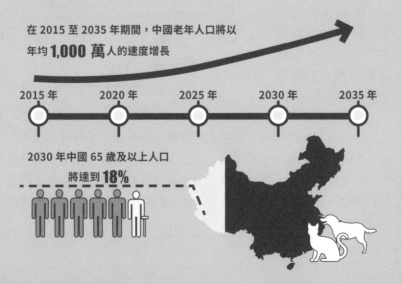

在 2015 至 2035 年期間，中國老年人口將以年均 **1,000** 萬人的速度增長

2015 年　　　2020 年　　　2025 年　　　2030 年　　　2035 年

2030 年中國 65 歲及以上人口
將達到 **18%**

寵物消費市場概況

2020年中國寵物消費市場規模已達到2,065億元，而且整個產業鏈已逐漸形成上、中、下游配套。

上游包括寵物買賣；中游是寵物食品、用品和醫療等最具經濟效益的項目；下游則是指周邊的消費項目，例如美容和保險等。

從消費結構來看，寵物食品是最大的支出。至於增速最快的，則是寵物醫療及寵物用品。

中國寵物產業鏈

上游

寵物買賣

中游

寵物食品、用品和醫療等

下游

美容和保險等

這個現象不難理解，現在人們對寵物的照顧已不僅僅是提供一個地方睡覺和吃喝，也在乎寵物的舒適度和快樂感，甚至會關注寵物的自身興趣，由此促使市場出現更多增進動物身心健康的創新產品和服務，例如「嗅嗅墊」這類產品，便是針對有分離焦慮和過度活躍吠叫的狗隻而推出。

《2021年中國寵物消費趨勢白皮書》顯示，中國寵物消費理性化已成為趨勢，消費者購買寵物商品時考慮最多的是產品質量、價格和安全性。中國寵物食品市場競爭激烈，而前列排名主要是由國際品牌佔據，2020年京東寵物主糧前10名品牌分額佔比57.8%，其中國際品牌就佔比42.9%，反映消費者還是傾向購買外國進口產品多於本土出品。

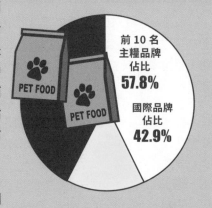

2020年京東食品市場品牌佔比

前10名
主糧品牌
佔比
57.8%

國際品牌
佔比
42.9%

PET FOOD

PET FOOD

要加強本土品牌的競爭力，商家不妨從人們對寵物產品及服務要求更多樣化的趨勢入手。內地經濟學專家宋魁認為，「要完善發展寵物經濟，寵物產業一方面要推出專業化、便利化的服務，在專業化差異化上下工夫。另一方面，還要持續優化消費者在寵物消費過程中的體驗，幫助消費者解決寵物消費中存在的痛點問題，才能獲得核心競爭力。」

在全國消費升級的大背景下，純天然、無添加都是備受重視的價值主張，目前可見整體市場消費者呈現「多品牌偏好」特點，這為本土品牌開展創新產品研發提供了新機遇。

22世紀の
宏觀新世界

不思議のI

從META
看「元宇宙」

不思議のII

「人工智能」
超越人類

不思議のIII

「芯片」猶如
數碼石油

不思議のIV

疫情推動
「無人經濟」

不思議のV

全球減碳
與「電動車」
發展

不思議のVI

「氫能」革命
蓄勢待發

不思議のVII

「網絡安全」
保衛戰

22世紀の
生活型態

5大產業
趨勢探討

疫情助長愛寵經濟

反反復復的全球新冠疫情，都是助長寵物經濟的幕後推手。由於以往主要是外出工作的關係，主人們可能較少時間在家陪伴寵物，但疫情下留在家中工作成為趨勢，這都增加了主人和寵物的相處時間。

在這前提下，情感消費和補償性消費都應運而生，對寵物陪伴時間的增加驅動了整體寵物消費的增長，疫情令實體店客流減少，變相更多消費者轉移到線上，由此推動了網上平台銷售的快速增長，在內地便新興了所謂「雲吸寵」現象。這是指一些人將家中寵物的日常生活片段剪輯成視頻發布在網上，以此吸引網友觀看並打賞，形成一種全新的網絡分享及消費模式。由於不是所有人都有空間、時間和條件去飼養寵物，於是便有人轉而透過在網上收看、讚好、轉發和打賞飼養寵物者發布的寵物相片和影片，讓自己感覺上都有參與飼養寵物，以滿足自己對寵物的喜愛。

「雲吸寵」現象

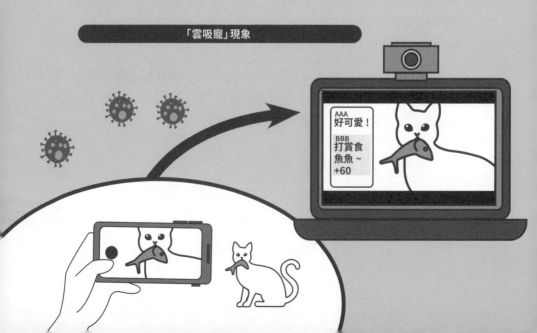

寵物 KOL 應運而生，而且吸引愈來愈創作者加入，內地的快手、TikTok、小紅書、微博和微信公眾號都是熱門的社交平台，而且單是快手一個平台上寵物主題相關的觀眾量已超過 1 億。

快手發布的《2020 寵物生態報告》提及，在其平台每 5.4 秒就有一場寵物分享直播，平均直播時長為 1 小時；在短視頻方面，單日最高播放量為 7 億次，而且每兩位快手寵物內容發布者中就有一位可獲得收入。相信隨著社交網絡的不斷發展，愈來愈多寵物主人會透過在社交媒體上發布自己與寵物的生活點滴，加上一定的故事包裝，造就寵物網紅的出現，讓主人從中獲得經濟收益。

22 世紀の
宏觀新世界

不思議の I
從 META
看「元宇宙」

不思議の II
「人工智能」
超越人類

不思議の III
「芯片」猶如
數碼石油

不思議の IV
疫情推動
「無人經濟」

不思議の V
全球減碳
與「電動車」
發展

不思議の VI
「氫能」革命
蓄勢待發

不思議の VII
「網絡安全」
保衛戰

22 世紀の
生活型態

5 大產業
趨勢探討

《2020 寵物生態報告》數據

每 **5.4 秒** 1 場寵物直播、短視頻單日最高播放 **7** 億次

平均直播時長為 **1 小時**

每 **2** 位快手寵物內容作者有 **1** 位可獲得收入

而在網上分享的寵物主題內容可見非常多元化，克勞銳指數研究院數據顯示，所謂的「萌寵」內容，帶給予用戶的功用，包括了陪伴、娛樂、情感治癒、知識獲取、好物消費、訊息交流等。加上大部分主人都會通過網絡渠道獲取寵物相關資訊，例如養寵知識、打折商品推薦等，也習慣在線上購買寵物食品，主人們之間也會彼此借助網絡平台分享經驗、交流心得，這些都地促進了線上寵物消費的增長。

三類消費前景分析

寵物食品是寵物生命周期中的最大必需品，具有剛需強及消耗量高的特點，是整個寵物消費結構中最重要的項目，當中又可分為寵物主食、零食、保健品三類；其中主食需求量最大，佔比達 64%。中國寵物食品市場正處於高速發展階段，近幾年平均增速約 20%。基於愈來愈多主人視寵物為自己的孩子或親人，於是也更願意給寵物更具高質素、更有營養的食品，這也促使寵物食品產業向著更健康化及綠色化的升級轉型。

寵物食品分類

寵物主食

寵物零食

寵物保健品

主食佔比達 64%

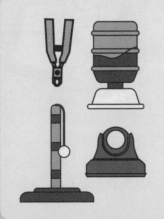

寵物消費商品包括日常用具、清潔用品、服飾、玩具等；其中，日常用具和清潔用品就佔了總額近 80%。目前可見內地愈來愈大的市場需求，寵物用品也呈現國產化與智能化兩大趨勢。寵物智能產品包括智能貓砂盆、自動餵食器、寵物飲水機和寵物環境監察設備等。

22 世紀の
宏觀新世界

不思議の I
從 META
看「元宇宙」

不思議の II
「人工智能」
超越人類

不思議の III
「芯片」猶如
數碼石油

不思議の IV
疫情推動
「無人經濟」

不思議の V
全球減碳
與「電動車」
發展

不思議の VI
「氫能」革命
蓄勢待發

不思議の VII
「網絡安全」
保衛戰

中國寵物醫療市場規模佔比

寵物藥品佔
4%

寵物疫苗佔
1%

寵物診療佔
95%

此外，不僅是人類社會才有人口老齡化趨勢，就連寵物都出現了同一狀況。根據《中國萌寵經濟崛起的品牌新商機》報告，2020 至 2025 年老年期寵物（狗 >8 歲，貓 >10 歲）的年複合增長率約 13%。鯨準研究院數據顯示，2020 年中國寵物醫療市場規模約為 560 億元；其中寵物診療、寵物藥品、寵物疫苗分別佔 95%、4% 和 1%。

寵物醫療屬於剛性需求，經營門檻偏高，具有較高定價權，也易於與寵物殯葬等產業形成關聯合作，行業前景甚至可能比寵物食品更容易做出服務溢價。

然而制約著中國寵物醫療市場快速擴張的最大因素是相關專業人才不足，特別是獸醫相對缺乏，這難題或比較難在短時間內有效解決，行業對於寵物醫療人才的爭奪料愈來愈激烈。

4 「智能家居」的普及

智能家居發展概況

新冠疫情令在家工作模式和網購消費更趨普及,一部手機足以處理生活大部分所需,大眾愈來愈少出門,變相換來更多時間「宅」在家中,因此家居生活的質素讓人們更為注重。

隨著 5G、物聯網(AIoT)、人工智能(AI)及大數據(Big Data)等新科技滲透家中每處角落,以改善人類生活為本的智能家居相關商品已形成全球新興的一大產業。以內地為例,眾多智能家居產品中,安防設備(包括門鎖、安防傳感器和攝像機)是用戶首選重視的商品。《2020中國智能家居生態發展白皮書》顯示,智能安防設備的用戶需求度佔比高達92%,其他智能家電的需求度是66%。而鑑於全球暖化問題愈受各國重視,內地近年已制訂「碳達峰、碳中和」的雙碳目標,日常生活中具備環保節能特點的智能家電,勢將成為下一輪科技產品更換潮的主力大軍。

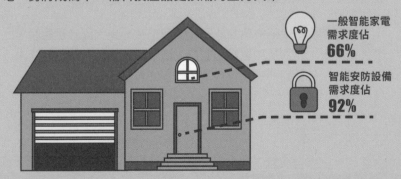

一般智能家電
需求度佔
66%

智能安防設備
需求度佔
92%

家居生活的智能升級

根據中國國家質檢總局、標準化管理委員會的定義，「智能家居」是指「以住宅為平台，融合建築、網絡通訊、智能家居設備、服務平台，集系統、服務、管理為一體的高效、舒適、安全、便利、環保的居住環境」。除了具有傳統的居住功能外，智能家居和一般家居的最大分別，在於家具及電器等由原來的被動靜止裝置，轉化為可主動偵測的智能化操作，由此提升了居住者的生活品質。

傳統家居是透過有線方式連接產品，又或觸摸控制屏、以遙控器進行短距離控制，功能較為單一；至於具有物聯網技術的智能家居，不但提供無線控制功能，還可以進行數據分析，通過移動終端APPs遠程控制智能家居產品。

現時智能家居範疇涉及家庭安防、自動照明控制、音訊視頻、環境控制、智能網絡等技術，能夠感知用戶在家中的動靜，可幫助人們更有效安排時間，增強家居生活的靈活度和安全性，不僅可提升用戶的生活水平，也可在各種能源消耗上作出節省。智能家居的價值已非純粹在於科技上的聯動控制與空間上的美感營造，而是圍繞人們的需求而存在。

智能家居產業市場概況

2016 至 2019 年期間，中國智能家居市場規模增速保持在 25% 以上，然而 2020 年受疫情影響，市場規模增幅降至 11.4%。全球「芯片荒」是令智能家居設備供應出現困難的元凶，加上中美貿易戰仍未完全解決，雙重影響下，由汽車生產以至智能家居商品的推出都陷入芯片不足的困境，導致 2021 年內地智能家居設備出貨量同比下降了 1.9%。

智能家居市場規模

2020 年受疫情影響，市場規模增幅由 25% 降至 11.4%

未來前景還是樂觀

不過前景還是樂觀，Omdia 數據統計顯示，2020 年全球智能家居市場價值約 608 億美元，預計到 2025 年超過 1,785 億美元，2020 至 2025 年的複合年增長率（CAGR）為 24.1%。物聯網是智能家居的核心技術，自 2019 年底，中國已成為全球最大的物聯網市場，全球 15 億台蜂窩網絡連接設備中就有 64% 是來自中國，達到 9.6 億台，中國有望成為全球最大的智能家居市場消費國，消費份額佔全球 50% 至 60%，利潤佔據全球 20% 至 30%。

=1 億台蜂窩網絡

全球 15 億台蜂窩網絡連接設備中就有 **64%** 是來自中國

智能安防備受重視

中國智能家居的設備以安防、照明、影音和家電為主，分別佔總體智能家居市場比重為 21%、16%、14% 和 12%。《2020 中國智能家居生態發展白皮書》提到，用戶對安防設備的需求度是智能家居產品之中最高，可見家庭安全管理是用戶最在意的家居智能化功能。一旦家中遇到突發事件，例如小偷入屋盜竊、老人或小孩出現緊急意外事故，都可透過智能安防系統進行遠程報警提醒。著名國際數據公司（IDC）的分析指出，中國在 2021 年家庭安全監控設備出貨量增長率在 60% 以上，2020 至 2025 年的出貨量複合增長率達到 35% 以上。

智能家居市場各設備需求比率

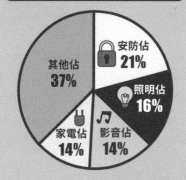

其他佔 37%
安防佔 21%
照明佔 16%
影音佔 14%
家電佔 14%

家居安全是每個家庭最原始、最基本的需求，亦是最捨得花費的項目之一。根據中國公安部統計，每年因入室盜竊造成的損失高達 11,300 億人民幣，尤其內地很多地方正在城市化而大興土木，開放型社區亦使盜竊率上升，使家庭對智能安防的需求更大，近年不少地產開發商銷售樓盤時甚至將智能安防設備成為主打賣點。

22 世紀の
宏觀新世界

不思議のI
從 META
看「元宇宙」

不思議のII
「人工智能」
超越人類

不思議のIII
「芯片」猶如
數碼石油

不思議のIV
疫情推動
「無人經濟」

不思議のV
全球減碳
與「電動車」
發展

不思議のVI
「氫能」革命
蓄勢待發

不思議のVII
「網絡安全」
保衛戰

22 世紀の
生活型態

5 大產業
趨勢探討

奧維雲網（AVC）顯示，2021 年 1 至 7 月房地產精裝修市場規模 151.16 萬套，其中智能門鎖產品配套規模 106.73 萬套，同比增長 5.3%。相比 2019 年智能門鎖配套率為 46.4%，2020 年智能門鎖配套率已增至 64.6%，而 2021 年 1 至 7 月已升至 70.6%，同比增長 9%，反映智能門鎖在精裝修市場獲廣泛應用，其配套規模、配套率有望迎來新一輪增長。

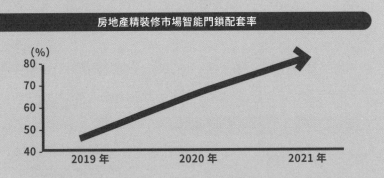

房地產精裝修市場智能門鎖配套率

智能安防主要由智能門鎖、智能攝影鏡頭和語音識別系統等組成，最大特點是實現了物聯網「萬物互通、連接一切」的功用，將家居安防、安保物業和社區安保連為一體。通過人臉識別和遠程可視功能，智能門鎖能夠進行精準、快速和高效的通行指令和監察，而連接了社區物業平台與公安系統的多功能報警器，萬一遇上盜竊等入侵，能即時發出警報通知，為用戶的家居及財產安全提供全方位保障。

愈來愈多用戶不僅對攝像機有高像素的影像需求，還要求視頻系統具備通話、環境感知、物體識別等功能，以全方位實時了解家中狀況。例如，用戶只需通過手機 APPs 或遙控操作，就可授權指定人士開門進屋；也可在規定時間內設置有效的一次性密碼，安全與方便兼備。加上安防設備可用周期頗長，起碼達 8 至 10 年之久，具有高使用黏性，種種因素下都吸引用戶更加樂意由安防設備作為試點進入智能家居生活。

老齡用家有待適應

22 世紀の
宏觀新世界

不思議の I
從 META
看「元宇宙」

不思議の II
「人工智能」
超越人類

不思議の III
「芯片」猶如
數碼石油

不思議の IV
疫情推動
「無人經濟」

不思議の V
全球減碳
與「電動車」
發展

不思議の VI
「氫能」革命
蓄勢待發

不思議の VII
「網絡安全」
保衛戰

22 世紀の
生活型態

5 大產業
趨勢探討

　　而比起智能安防，智能家電的需求度則有待普及，最大原因在於老齡化問題。經濟學人智庫（EIU）預計到 2030 年，中國老齡人口佔比（65 歲及以上人口佔比）達到 18%，相當於西班牙和挪威當前的水平，即大約每 6 人就有 1 人年齡達到 65 歲以上。雖然家電智能化為生活帶來更大便利，但對於操作步驟不甚熟悉的中老年用家而言，反而是弄巧成拙。

　　以往的家電操作只有幾個按鍵，而智能家電具備基礎功能外，還可連接到物聯網、遠程操控和手機觸控等設置，但對老人來說，使用上的新花樣反而是累贅，複雜的介面已超越他們對家電本身的使用基礎需求，當智能化步伐走得愈快，老人亦會被時代拋後得愈遠，難以學習和跟上新科技產品的應用。

　　隨著老年人口佔比趨升，由他們所組成的消費群體就會更大，然而他們對智能家電的需求卻不甚明顯，因此如何令智能家電「適老化」，挖掘這一部分潛在消費者，是家電行業需要考究的狀況。

小型智能家電發展潛力

家電是生活日用品，擁有一定剛需，但與其他快消產品相比，其較長的產品壽命代表較低的更換速率，某程度上也降低了智能家電進入家庭的速度。

再者，大型的智能家電（例如電視、洗衣機、冷氣機等）價格並不便宜，價格形成的壁壘令部分消費者卻步，因為對他們來說，改變家居現狀所帶來的效益，未必會高於目前要付出的成本。

相對上，小型智能家電則較容易為大眾所接受，根據《2020下沉市場智能家居消費洞察》，智能開關、智能落地燈、智能電蒸箱等價格在 50 元到 300 元人民幣的小家電，在所謂的「下沉市場」（即三到六線的鄉城地區）的年銷量同比增速均超過 300%，這些鄉城地區或能成為智能家電行業的新藍海，亦引證低入場成本門檻是吸引人嘗試新事物的策略。

在三到六線的鄉城地區（「下沉市場」），
智能開關、智能落地燈、智能電蒸箱等小家電，
年銷量同比增速均超過 **300%**

綠色家電是減碳關鍵

政策扶持方面，國務院辦公廳和商務部於 2020 年分別公布《關於以新業態新模式引領新型消費加快發展的意見》及《關於提振大宗消費重點消費促進釋放農村消費潛力若干措施的通知》，均表示積極推動消費服務領域方面的人工智能應用，包括增加 5G 技術應用場景，加快研發可穿戴設備、移動智能終端、智能家居、超高清及高新視頻終端等，並促進家電家具家裝消費，發展智能家電家具市場，鼓勵有條件的地區淘汰舊家電家具並為購買綠色智能家電、環保家具給予補貼，為智能家電市場的推廣帶來動力。

近年各國政府協力推動環保，由此有望擴大綠色家電產業的市場規模。2016 年生效的《巴黎協定》，長期目標是把全球平均氣溫升幅控制在工業化前水平以上低於 2°C 之內，並努力將氣溫升幅限制在工業化前水平以上 1.5°C 之內。協定奠定了「碳達峰」和「碳中和」的基礎，展望於本世紀下半葉實現溫室氣體淨零排放，以降低氣候變化給地球帶來的生態風險和對人類構成的生存危機。

22 世紀の
宏觀新世界

不思議の I
從 META
看「元宇宙」

不思議の II
「人工智能」
超越人類

不思議の III
「芯片」猶如
數碼石油

不思議の IV
疫情推動
「無人經濟」

不思議の V
全球減碳
與「電動車」
發展

不思議の VI
「氫能」革命
蓄勢待發

不思議の VII
「網絡安全」
保衛戰

22 世紀の
生活型態

5 大產業
趨勢探討

例如在中國內地，2020年9月國家主席習近平宣布了「碳達峰」和「碳中和」目標，力爭將二氧化碳排放於2030年前達到峰值，於2060年前實現碳中和。12月中央經濟工作會議也將「碳達峰、碳中和」工作列為2021年八大重點任務之一，提出制訂2030年前碳排放達峰的行動方案，支持有條件的地方率先達峰，加快調整產業及能源結構。

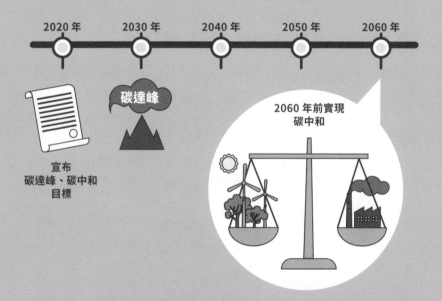

2020年　2030年　2040年　2050年　2060年

碳達峰

2060年前實現碳中和

宣布
碳達峰、碳中和
目標

中國目前已建立能源效益標識法規及執行體系，以減緩家用、辦公產品在消耗電能和天然氣方面的增長，從而降低二氧化碳的排放。內地家電企業美的集團代表李金波便曾於2021年建議從碳標識法規、家電產品碳排放評價標準，以及家電產品碳標識三方面，來推動家電行業的低碳化發展。

現時全球仍處於以煤炭能源發電為主的階段，直接控制用電量是影響二氧化碳排放的重要關鍵。國際能源署（IEA）2021年發布的《全球能源與碳排放狀況年度報告》顯示，家電是居民能源消耗的第二大來源，佔住宅總能耗20%以上，而且高達30%的居民碳排放來自於家用電器。如按照2020年中國全社會用電量7.5萬億千瓦時來計算，其中家電用電量就超過1.1萬億千瓦時，從節省電源的角度，由家電日常耗電量著手，對「雙碳戰略」具有頗大作用力，在環保政策扶持疊加產業智能化的背景下，可望為中國家電發展帶來新出路。

22世紀の
宏觀新世界

不思議のⅠ
從META
看「元宇宙」

不思議のⅡ
「人工智能」
超越人類

不思議のⅢ
「芯片」猶如
數碼石油

不思議のⅣ
疫情推動
「無人經濟」

不思議のⅤ
全球減碳
與「電動車」
發展

不思議のⅥ
「氫能」革命
蓄勢待發

不思議のⅦ
「網絡安全」
保衛戰

22世紀の
生活型態

5大產業
趨勢探討

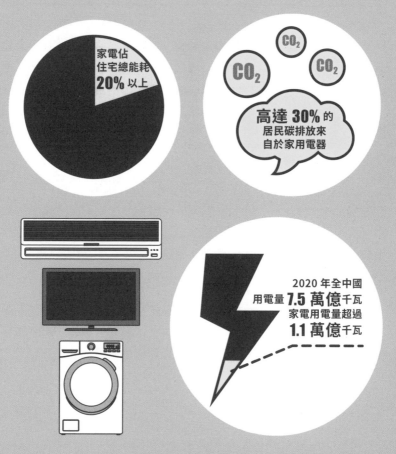

產 業 趨 勢

5 「AI 醫療」的應用

醫療與物聯網結合

新冠病毒肆虐威脅著人類健康，同時亦突顯醫療科技發展的迫切性。近年香港的醫療環境愈趨嚴峻，在醫護工作量繁重及壓力超出負荷的背景下，如何能更有效地做好傳染病防控工作？譬如，進行遙距檢測以減低人群之間受感染的風險、推出自動化系統將患者病歷統一並保密地儲存到雲端服務平台以作進一步診治等，以上提到的便是「醫療物聯網」（Internet of Medical Things, IoMT）可應用其中一、兩個例子。

IoMT 的概念源於「物聯網」（Internet of Things, IoT）技術，即是通過感知設備，按照約定協議，連接物、人、系統和訊息資源，實現對物理和虛擬世界的訊息進行處理並作出反應的智能服務系統。隨著互聯醫療設備的增加，互聯技術、服務系統及軟件開發的進步，支持醫療級別數據的採集和傳輸，令 IoMT 應運而生。

IoMT 系統綜合了遠程醫療、互聯網、物聯網、自動控制、人工智能等技術，令醫療機構可作出全方位的營運及管理，有望提高醫療品質、降低醫療失誤率、提升病人服務水平等。

應用例子

22 世紀の
宏觀新世界

不思議のI
從 META
看「元宇宙」

不思議のII
「人工智能」
超越人類

不思議のIII
「芯片」猶如
數碼石油

不思議のIV
疫情推動
「無人經濟」

不思議のV
全球減碳
與「電動車」
發展

不思議のVI
「氫能」革命
蓄勢待發

不思議のVII
「網絡安全」
保衛戰

22 世紀の
生活型態

5 大產業
趨勢探討

• 遙距身體檢查

5G 技術是 IoMT 時代的必需硬件，當醫療裝置與設備可快速連線到伺服器或雲端，讓遙距醫療技術取得即時資料，便可實現遠端醫療保健。人們留在家中使用穿戴裝置，便可檢查血壓、體溫與心率等，並傳輸結果予醫生斷診，醫生也能即時向病人解說狀況、開出藥方，必要時加入藥劑師或其他專科醫生參與，即時存取病人資料作相關治療建議。

傳輸結果予醫生斷診

醫療裝置連線到雲端

人們留在家中使用穿戴裝置，便可檢查血壓、體溫與心率等

• 診症足不出戶

患有傳染病如流感的病人，或免疫系統功能較差以致外出時受感染風險較高的病人，都可透過視像讓醫生作出診斷，醫生即時遙距指導、監察病人的病情及進展。

• 跟進長期病患病情

可穿戴在病人身上的醫療裝置，有助醫護全天追蹤病人的健康狀況，將數據傳輸到雲端上，方便醫生對病人持續進行評估和觀察，尤其讓患有慢性疾病的病人可更有效地作出自我健康管理，以減少緊急護理和急診的次數。病人亦可憑藥方到鄰近的診所、藥房配取藥物或透過公共場所的自助服務資訊站辦理預約、支付賬單等。

• 危急處境即時急救

對於危急病者（如心臟病發者或中風者），在急救車送院途中，一旦出現惡化狀況，急救人員可透過遙距醫療裝置，將病人的腦波圖、心電圖和其他資料等，即時傳送到醫院，一來可即時取得當值醫生的急救建議，二來在醫院的醫務人員也可預早掌握病人狀況以便到院時可作出更適切的安排，從而提升挽救性命的機會。

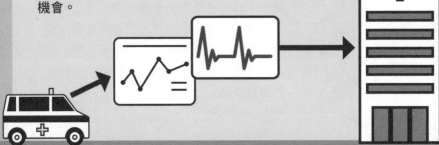

• 提高醫護巡房效率

移動智能終端結合無線通訊技術的應用，對醫院中的醫護人員來說，最基本的好處便是可以透過病房內的設備得悉病人的入院資料、過往病歷，以至手術及用藥記錄等的實時數據，從而提高巡房效率和質量。

• 實時監察護理狀況

如住院病人正在使用輸液裝置，透過無線傳輸，可實時將輸液用量傳送到護士服務台的顯示屏幕上，護士就可以實時監察病人的輸液進度，當液位降至臨近更換指標時，顯示屏幕便會發出訊號提醒護士前去更換，這便是臨床護理上邁向智能化轉型的基本場景。

22世紀不再七不思議 之 科技經濟 與 產業趨勢

· 院內病人定位追蹤

　　對於一些特殊或重症病人，醫護上的智能服務可包括院內導航、人員定位和報警求助等，可讓病人穿戴智能手環，從智能監察系統實時查看病人的行走路線和位置，一旦他們走出限定區域便發出警告訊號，以通知醫護人員即時作出協助，將病人送回安全區域，從而防止意外發生。萬一病人在病床以外的地方因身體不適急需求助時，都可以通過智能穿戴設備作出通知，讓醫護人員可快速定位，保障病人性命安全。

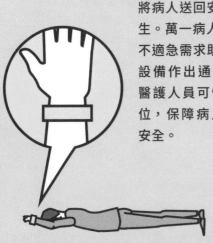

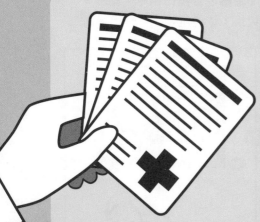

· 專科互通醫療記錄

　　IoMT 有助打破不同專科室房之間容易造成訊息封閉的狀況，讓醫院在行政管理上能夠進行綜合數據採集，利用大數據作出分析，升整個醫療機構的效能和精細化管理，從而提高整體的訊息互通和診療服務的能力。

· 提升公共衛生服務

公共衛生服務方面，譬如要解決人口數量眾多導致健康篩查無法及時覆蓋所有區域的問題，在 IoMT 的領域中，便可利用 5G 技術傳輸，讓市民在家完成健康篩查。只要在家中將身高體重、脂肪率、血壓、心電等需要採集的健康參數檢測數據，通過 5G 網絡傳輸給醫療機構的後台分析系統，再作中央統一處理，對檢查結果進行評估、分析和建議，就能簡化基層醫療人員的工作程序。例如新冠病毒大流行期間，IoMT 的應用可便利市民完成社區性的公共衛生防疫檢測。

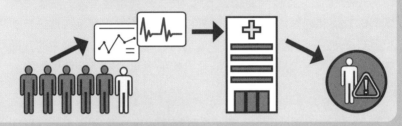

· 加強行政資源管理

香港公營醫療體系在醫護人手以至行政資源管理上，都仍有待改善，而近年中國內地的醫院規模更是呈現快速擴張的趨勢，日常行政上所需要管理的資產數量和種類也爆發式增長，無論是香港或是人口龐大的中國內地，物聯網技術的智能管理模式，正好大大地提高醫院行政管理的水平，例如購入設備時可以利用無線射頻辨識技術（RFID）記錄入賬，再由 WiFi 網絡傳遞給綜合管理平台，令資源的分配、使用、變更、回收、報廢等更加靈活，獲得更有效的管理。

22 世紀の
宏觀新世界

不思議の I
從 META
看「元宇宙」

不思議の II
「人工智能」
超越人類

不思議の III
「芯片」猶如
數碼石油

不思議の IV
疫情推動
「無人經濟」

不思議の V
全球減碳
與「電動車」
發展

不思議の VI
「氫能」革命
蓄勢待發

不思議の VII
「網絡安全」
保衛戰

22 世紀の
生活型態

5 大產業
趨勢探討

病人私隱保障隱憂

IoMT 是由醫療設備和 IoT 系統所組成，醫療設備包括 X 光機等大型醫療器械，IoT 系統包括傳感器、攝像頭和 RFID 等，主要功能是進行訊息發送、識別和控制，而基於醫療設備需要連結到 IoT 系統應用，便有可能構成保安漏洞，一旦受到網絡惡意攻擊，便會導致醫療機構業務終端的入侵和數據洩漏等問題。

通常 IoMT 中的大型醫療設備會遠程連接到外部營運廠商的雲端，一般情況下醫院需要提供三個內網 IP 地址予 IoMT 設備營運廠商作外網和內網的連結，萬一外部營運廠商的雲端平台遭受外部黑客攻擊、又或內部應用時出現任何洩密的話，由於互聯網的互通網絡系統機制，醫院的病人資料及數據便很可能間接或直接外洩。

還要注意，IoMT 涉不同的操作系統，包括 Android、Linux、嵌入式 Windows 等，不同的操作系統又會有各自的更新及漏洞修復版本，假如外部營運商忽略安全防護意識及完善技術，便會導致醫療設備遭受攻擊，例如使用了弱密碼，結果導致系統被入侵或仿冒接入；又例如門診的自助掛號機承載了掛號、繳費等核心業務資訊，不法之徒只要通過插拔網線就能竊取病人的個人和繳費資料。

網絡保安不容忽視

IoMT 的安全維護及升級，需要從設備自身、軟件開發設計、數據安全管控、以至安全營運等多方面綜合作出考量。從事物聯網技術研發的科研部門、網絡技術供應商、以及醫療機構本身，三者都必須作出配合，以防止醫療數據丟失、遭非法竊取等，參與其中的工作人員都必須對網絡安全防護意識層面有高度一致的認知及基礎，制訂出有關安全技術的統一驗證及實施標準，業界也必須培養具備網絡安全意識的從業員，以應付社會對於 IoMT 網絡安全的需求。

IoMT 設備供應商除了對相關醫療系統投入研發外，亦必須確保將無線通訊、數據儲存、數據挖掘、雲計算等物聯網關鍵技術與醫療領域相結合時，達到保安要求，以建立 IoMT 的安全體系架構。

醫療機構的 IT 管理部門須對醫療設備上傳的數據作出監控，對 IoMT 設備的數據外發時間、目的地址、數據包、頻率等建立行為基線，及時發現異常用戶訪問、異常地址外發、異常時段外發、異常數據包外發等各種引致洩漏的風險狀況，對非法外發敏感數據及時發現和阻斷，確保不會外洩病人個人隱私數據。

完善 IoMT 的安全防護體系是讓醫療機構智能化的必然基礎，各種新興技術發展將促使醫療機構的業務快速進化，政府亦應對網絡安全廠商就各種 IoMT 設備作安全風險評估及監管，促使 IoMT 設備供應商和醫療機構提供專業的訊息安全服務，以保障病人的醫療私隱。

不思議の I

從 META
看「元宇宙」

不思議の II

「人工智能」
超越人類

不思議の III

「芯片」猶如
數碼石油

不思議の IV

疫情推動
「無人經濟」

不思議の V

全球減碳
與「電動車」
發展

不思議の VI

「氫能」革命
蓄勢待發

不思議の VII

「網絡安全」
保衛戰

22 世紀の
生活型態

5 大產業
趨勢探討

常見科技詞彙 及 參考資料

常見科技詞彙

以下列出的一些常見科技詞彙，會在本書不同章節之篇幅中提到，它們都屬於串聯整本書的基本知識點，如不熟悉其基本定義，讀者可從下表查看，有助理解本書的內容。

詞彙	解釋
Web 1.0	由網絡服務供應商單向提供內容給使用者瀏覽，也指全球網絡發展歷史上的第一階段。這階段內容創作者很少，絕大多數用戶只是內容的消費者。
Web 2.0	全球網絡發展的第二階段，透過社交及網絡平台，用戶能夠參與內容的創造與互動，例如網絡社區、網絡應用程式、社交網站和網誌等。
Web 3.0	全球網絡發展的第三階段，由「分布式賬本技術」（DLT）支援，建構基於「區塊鏈」的去中心化網路世界，也是驅動元宇宙的基礎建設技術。
分布式賬本技術 （Distributed Ledger Technology, DLT）	又稱「區塊鏈」（Block Chain），是一種技術基礎設施和協議，允許跨分布在多個地點的網絡以不變的方式同步存取、驗證和更新記錄，特點是不存在中央管理機構或集中的數據存儲，具有去中心化（Decentralizing）特性。 儘管參與交易或活動各方可能保持匿名，但該記錄不能被修改或損壞。
智能合約 （Smart Contract）	在區塊鏈用於提供驗證及執行合約內所訂定的條件。智能合約內含了程式碼函式，亦能與其他合約進行互動、作出決策及具備儲存資料等功能。
加密貨幣 （Cryptocurrency）	一種利用密碼學原理來確保交易安全及控制交易單位創立的交易媒介，比特幣（Bitcoin）是最著名的加密貨幣。 加密貨幣是建立在「區塊鏈」技術上的一種應用，因此具有去中心化的特性。
加密 （Encryption）	將電子數據轉換為無法識別的過程，未經授權的各方無法輕易理解。

詞彙	解釋
非同質化代幣 (Non-Fungible Token, NFT)	一種新型態的數碼資產，屬於加密貨幣的一種，但擁有不可替代、不可拆分的特性，可以收藏保存，且交易記錄不可被竄改。圖像、聲音、影片、一串文字等，只要能透過數碼載體呈現，都可以成為NFT。
遊戲化金融 (GameFi)	玩家透過參與區塊鏈遊戲，賺取 NFT 及加密貨幣，例如玩家在遊戲中獲勝就可獲得加密貨幣並變現。
金融科技 (Fintech)	利用科技手段使金融服務變得更有效率的一種新經濟產業。 學術上，金融科技可分為人工智能（Artificial Intelligence）、區塊鏈（Block Chain）、雲端運算（Cloud Computing）和大數據（Big Data）四大範疇。
人工智能 (Artificial Intelligence, AI)	由人類製造的機器或程式展現出智能，具有模仿人類思維的認知功能，能夠像人類一樣工作、作出反應，當中包括語音識別、內容學習、項目計劃和解決問題能力等。
機器學習 (Machine Learning)	讓機器在不需要明確指令的情況下，具備開發和推演特定任務的能力，能夠自行創建解決方案，而不是簡單地遵循編程。 機器學習理論主要是設計和分析一些讓程式可以自動學習的演算法，例如從資料中自動分析並獲得規律，然後利用規律對資料進行預測。
深度學習 (Deep Learning)	機器學習的分支，是一種以人工神經網絡為架構，對資料進行「表徵學習」的演算法。 表徵學習的目的是對複雜的原始數據化繁為簡，把原始數據中無效或冗餘的訊息剔除，把有效訊息進行提煉，形成特徵（feature）。
自然語言處理 (Natural Language Processing, NLP)	人工智能和語言學領域的分支學科，NLP 允許機器在接收到人類語言時作出分析，可用於理解人類命令及閱讀文本的系統。

詞彙	解釋
雲端運算 (Cloud Computing)	又名「網絡運算」(Internet Computing),是通過互聯網(雲)向用戶或企業提供伺服器、儲存、資料庫、網絡、軟件、人工智能等運算資源。 對企業而言,好處是不需要安裝實體裝置,大大減少 IT 和管理成本。日常維護工作,如備份、資料複製或儲存裝置添購等,都可由雲端服務供應商處理。
大數據 (Big Data)	網絡上存取的資料規模巨大,透過以往的傳統方式已無法在一定時間內進行儲存、運算與分析。而大數據分析則是透過 AI 等技術,讓機器協助人類在短時間內對大量數據資料進行分析,並找出當中規律、分類,甚至作出預測。
客戶關係管理系統 (Customer Relation Management, CRM)	大數據分析之一,透過收集來自各個營銷渠道(包括公司官網、電話、郵件、直接交談、市場活動等)的客戶訊息,進而分析客戶喜好、需求,以提供專屬的個人化服務,提升客戶滿意度。
數據中心 (Data Center)	容納電腦和數據存儲系統(包括伺服器)的設施,互聯網服務供應商(ISP)、Google 和亞馬遜(Amazon)等科技公司在全球擁有許多數據中心。
物聯網 (Internet of Things, IoT)	透過配有感測器、雲端運算和應用程式編程介面(API)等技術的互連物件和設備,與其他設備及系統連接傳輸和共享數據資料,常應用於工業、農業、公共事業、智能城市、交通運輸、智能家居等領域。
應用程式編程介面 (Application Programming Interface, API)	使不同系統能夠互相銜接及通訊的一種程式碼協議,為開發人員提供常用的操作標準命令。
資訊及通訊技術 (Information and Communication Technology, ICT)	資訊技術及通訊技術的合稱,涵蓋所有通訊設備、應用軟件,包括收音機、電視、移動電話、電腦、網絡硬件和軟件、衛星系統等;以及與之相關的各種服務和應用軟件,例如視像會議和遙距教學系統。

詞彙	解釋
電子商務 （E-Commerce）	將傳統商業活動各環節電子化及網絡化，利用電腦、智能手機等設備，進行電子貨幣交換、供應鏈管理、網絡購物、網絡行銷、存貨管理和自動數據收集等系統。
創初公司 （Start Up）	新開創的公司、創立初期的公司、剛開展的企業，並希望在短時間內擴張及快速成長。
創業投資 （Venture Capital, VC）	簡稱「創投」，指一間公司或基金，選擇合適的初創公司或具潛力的企業進行投資，進而獲得其股權。
天使投資者 （Angel Investor）	在創初公司成立早期就開始作出投資。除了金錢上的幫助，有時也會為公司帶來人脈或其他資源。
加速器 （Accelerator）	協助創初公司加速成長的計劃，讓其得到資助、透過密集的工作坊在短時間內作出規劃及改進等，由此獲得天使投資者或創投資金。
孵化器 （Incubator）	與加速器一樣，有助初創成長，但孵化器通常是由非營利組織提供，為初創提供創業課程、共享空間等。
獨角獸企業 （Unicorn）	美國風險投資者 Aileen Lee 在 2013 年提出的概念，代表成立未滿 10 年，但估值達 10 億美元的初創公司，具有「非常稀有」的含意。
網絡釣魚 （Phishing）	電郵欺詐的一種，犯罪者冒充合法服務或信譽良好企業發出電郵，例如銀行或電郵服務供應商，從中騙取用戶或企業的敏感及機密資料等。
分布式拒絕服務攻擊 （Distributed Denial-of-Service Attack, DDoS Attack）	透過數台來自不同地方的電腦，向目標網站同時發動拒絕服務攻擊、輸送大量虛假的網絡流量，以致受攻擊目標不勝負荷而癱瘓。

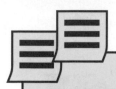
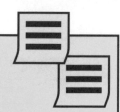

參考資料

中國商務部：http://www.mofcom.gov.cn

中國工業和信息化部：http://www.gov.cn/fuwu/bm/gyhxxhb/index.htm

中國信息通信研究院：http://www.caict.ac.cn

中國國務院：https://www.gov.cn/guowuyuan

中國整形美容協會：http://www.capa.org.cn

中國國家統計局：http://www.stats.gov.cn/tjsj

美國聯邦貿易委員會（FTC）：https://www.ftc.gov

美國聯邦調查局（FBI）：https://www.fbijobs.gov

美國能源部（DOE）：https://www.energy.gov

美國公路交通安全管理局：https://www.nhtsa.gov

國際數據公司（IDC）：https://www.idc.com

國際乾淨運輸委員會（ICCT）：https://theicct.org

Google 網絡威脅分析小組（TAG）：https://blog.google/threat-analysis-group

網絡安全公司 Sophos：https://www.sophos.com/en-us

網絡安全公司 SAM Seamless Network：https://securingsam.com

網絡數據分析公司 LexisNexis Risk Solutions：https://risk.lexisnexis.com

網絡安全諮詢公司 Delinea：https://delinea.com

區塊鏈分析公司 Chainalysis：https://www.chainalysis.com

區塊鏈安全服務機構 PeckShield：https://peckshield.com

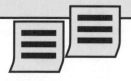

網絡安全調查機構 Cobalt：https://www.cobalt.io

社交分析平台 HypeAuditor：https://hypeauditor.com

數據分析平台 iiMedia Research：https://www.iimedia.com.cn/en

科技調研機構 Counterpoint Research：https://www.counterpointresearch.com

市場調研機構 Euromonitor International：https://www.euromonitor.com

市場調研機構 Omdia：https://omdia.tech.informa.com

加密貨幣交易平台 Voyager Digital：https://www.investvoyager.com

中金公司（CICC）：https://www.cicc.com

投資基金 ARK Invest：https://ark-invest.com/articles

《經濟學人》：https://www.economist.com

劍橋大學生存風險研究中心（CSER）：https://www.cser.ac.uk

Deepfake 檢測公司 Sensity：https://sensity.ai/deepfakes-detection

AI 創初企業 Cogito：https://cogitocorp.com

智能支付協會（SPA）：https://smartpaymentassociation.com

IT 諮詢公司 Gartner：https://www.gartner.com/en

機械人製造商 SESTO Robotics：https://www.sestorobotics.com

英國石油公司 British Petroleum：https://www.bp.com

汽車保險比較網站 Jerry：https://getjerry.com

作者 / 　陳卓賢

編輯 / 　米羔、阿丁

插圖及設計 / 　Mari Chiu

出版 / 　格子盒作室 gezi workstation

郵寄地址：香港中環皇后大道中 70 號卡佛大廈 1104 室

網上書店：gezistore.ecwid.com

臉書：www.facebook.com/gezibooks

電郵：gezi.workstation@gmail.com

發行 / 　一代匯集

聯絡地址：九龍旺角塘尾道 64 號龍駒企業大廈 10B&D 室

電話：2783-8102

傳真：2396-0050

承印 / 　美雅印刷製本有限公司

出版日期 / 　2022 年 10 月（初版）

ISBN / 　978-988-75725-3-4